바르게 읽는

# 논 어

# 바르게 읽는 논어 1

공자 지음 / 박삼수 역주

UUP.

# 바르게 읽는 논어 1

2009년 3월 2일 초판 인쇄
2009년 3월 6일 초판 발행

옮긴이 | 박삼수
펴낸이 | 김도연
펴낸곳 | UUP(울산대학교출판부)

출판등록 | 제370-1996-000001호(1996.3.13)
주소 | 680-749 울산광역시 남구 대학로 102
전화 | (052) 259-2488
팩스 | (052) 277-3011
홈페이지 | http://uup.ulsan.ac.kr
e-mai | press@mail.ulsan.ac.kr

SBN 978-89-7868-175-9 03820


* 이 도서의 국립중앙도서관 출판시도서목록(CIP)은 e-CIP 홈페이지(http://www.nl.go.kr/ecip)에서 이용하실 수 있습니다.(CIP제어번호: CIP2009000672)

· 머리말 ·

# 왜 고전(古典)이고, 『논어』인가?

인류는 유사 이래로 대자연과의 조화와 투쟁 속에서 문명을 개척하고 문화를 창조하며 변화와 발전을 거듭해 왔다. 오늘날 물질문명이 극한 시대를 살아가면서 인류 사회는 인간 본연을 망각한 채 심각한 가치관의 왜곡과 편향(偏向)에 휘둘리고 있다. 헝클어진 실타래를 풀기 위해서는 실마리를 찾아야 한다. 그것이 단초(端初)요, 시초(始初)다. 인생의 난제를 풀기 위해 우리는 겸허하고 순수한 마음으로 시초와 기본으로 돌아가야 한다. 이것이 바로 지금 이 시대에 고전이 강조되는 이유다.

고전은 인간 정신의 집약이요, 결정(結晶)이다. 때문에 예부터 고전의 향기는 늘 고단한 현실을 살아가는 사람들에게 위안과 활력을 주며 인생의 지침으로 기능해 왔다. "고전을 통해 체득한 인격과 사상, 논리와 감성은 새로운 학문의 길을 걷는 이들에게는 튼실한 기초를, 평범한 사람들에게는 자신의 꿈을 설계하는 지혜와 성찰을 제공해 주었다."*

---

* 정재서 외 『세계의 고전을 읽는다』, 휴머니스트, 2005, 「간행사」.

고전이 박제로 남을 것인가, 끊임없이 새롭게 재창조되어 시대를 앞서가는 지식과 지혜, 사유와 사색의 보고(寶庫)로서 생명력을 더해갈 것인가는 우리의 인식과 선택에 달렸다. 일찍이 공자가 이르기를 "사람이 먼 사려가 없으면 반드시 가까운 근심이 있을 것(人無遠慮, 必有近憂)"(『논어』「위영공편衛靈公篇」)이라고 하였다. 천단(淺短)한 안목은 궁극적으로 우리로 하여금 인생의 참된 의미와 즐거움이 무언지도 모른 채 오직 물질 가치를 좇아 종신토록 종종걸음을 치게 할지도 모른다.

『논어』는 인류역사상 사대성인(四大聖人)으로 존숭되는 공자(孔子)의 사상적 집체(集體)요, 결정이다. 또한 『논어』는 고전 중의 고전으로, 동서양 고전 가운데 가장 대표적인 것으로 손꼽힌다.** 기왕의 이 같은 평가와 인식을 차치하고라도 지금 우리가 『논어』를 강조해야 하는 이유는 충분하다.

오늘날 세계는 '실용'의 무한 가치를 인정하는가 하면 과신하기까지 한다. 그 같은 편향 속에서 우리는 가치관의 혼돈에 직면해 있으며, 몽매함을 벗지 못하고 지혜의 궁핍과 슬기의 빈곤에 허덕이고 있다. 옛사람들이 그랬듯이 우리도 선철(先哲)의 역작인 고전에서 그 해법을 찾을 수 있음을 알아야 한다. 고전은 길을 묻는 우리를 결코 실망시키지 않을 것이다.

---

** 연전에 「교수신문」에서 기획 특집 <(동서양) 고전번역 비평 — 최고의 번역본을 찾아서>를 시작하면서 '첫 책'으로 다룬 것도 바로 『논어』였다.

여기서 특히 『논어』가 주목되는 것은 인류의 위대한 스승인 사대성인 가운데 누구보다도 인간의 현세적(現世的) 삶 속에 깊숙이 들어가 고뇌하고 사색하며 복잡다단한 현실 문제에 대한 나름의 처방을 내놓은 것이 바로 공자이기 때문이다. 공자가 살았던 춘추시대나 이어지는 전국시대는 후세에 '난세(亂世)'의 대명사로 일컬어진다. 극도로 혼란한 현실 사회를 살면서 공자는 철저한 사명감으로 선지(先知) · 선각적(先覺的) 지혜와 슬기를 모아 인생의 지침을 제시한 것이다. 예나 지금이나 그 처방과 지침이 우리 인생에 촛불이 되고 등대가 될 것을 의심하는 사람이 있을까? "하늘이 공자를 낳지 않았다면 / 오랜 세월 내내 어두운 밤과 같았으리라!(天不生仲尼, 萬古長如夜)"***고 한 주자(朱子)의 소회(素懷)가 새롭다.

공자가 이르기를 "아는 것은 좋아하는 것만 못하고, 좋아하는 것은 즐기는 것만 못하다.(知之者不如好之者, 好之者不如樂之者)"(『논어』「옹야편雍也篇」)고 하였다. 무언가를 능히 즐길 수 있는 경지에 이른다면 이 세상이 얼마나 아름다울까? 하지만 우선은 알아야 한다. 그것이 시작이다. 그 진가도 모른 채 지레 겁부터 먹고 시작조차 하지 않는다면 너무나 안타깝다. 역자는 『논어』를 알고자 여러 해 헤매었지만 때로는 감히 공문(孔門)의 말석에 앉아 성인과 현(賢)제자의 문답과 담론을 경

*** 이는 주자가 『주자어류(朱子語類)』 권93에서 인용한 송대(宋代) 무명씨의 시구(詩句)이다.

청하는 듯한 착각에 남몰래 즐거웠다. 이 책은 『논어』를 알아가는 과정의 어쭙잖은 부산물이다. 독자 제현의 가차 없는 질정을 바란다.

2009년 2월
문수산 기슭에서
박 삼 수

# 차례

[머리말] 왜 고전(古典)이고, 『논어』인가? / 5

[책머리에] 공자와 『논어』 / 11

제1편 학이(學而) / 19
제2편 위정(爲政) / 45
제3편 팔일(八佾) / 79
제4편 이인(里仁) / 117
제5편 공야장(公冶長) / 149

인명(人名) 찾아보기 / 193

· 책머리에 ·

# 공자와 『논어』

## 공자의 생애

공자(孔子, 기원전 551~기원전 479)는 지금으로부터 2,500여 년 전인 중국 춘추시대 말엽의 노(魯)나라 추읍(陬邑, 지금의 산동山東 곡부曲阜) 사람으로, 유가(儒家)를 창시한 위대한 사상가이자 교육가이다. 선조(先祖)는 본시 송(宋)나라의 귀족이었으나 정변(政變)의 소용돌이 속에 노나라로 망명해 정착하였다.

공자의 아버지 숙량흘(叔梁紇, '숙량'은 자, '흘'은 이름)은 노나라의 이름난 무사(武士)로, 추읍의 대부(大夫)를 지낸 적이 있다. 본처(本妻)가 딸 아홉을 낳았으나 아들이 없었고 첩실(妾室)은 아들 하나를 낳았으나 절름발이였다. 이에 숙량흘은 건강한 후사를 얻기 위해 일흔이 다 된 나이에 다시 스무 살도 안 된 소첩(少妾) 안징재(安徵在)를 맞아들였다. 안씨는 이구산(尼丘山)에서 천지신명께 기도를 올렸고, 그렇게 하여 얻은 아들이 바로 공자이다. 그래서 공자의 이름을 '구(丘)', 자(字)를 '중니(仲尼)'라고 하였다고 한다. 일설에는 또 이름을 '구'라고 한 것은 공자가 태어났을 때 정수리 부분이 움푹 들어갔기 때문이라고 한다.

공자는 세 살 때 아버지를 여의고 홀어머니와 함께 빈천하고 곤고(困苦)한 삶을 살았다. 하지만 누구보다도 호학(好學, 배우기를 좋아함)하였는데, 열다섯 살 때는 정식으로 학문에 뜻을 두고 가일층 분발 진력함으로써 점차 박학다식하고 예악(禮樂)에 정통하게 되었다. 열일곱 살 때는 불행하게도 어머니마저 세상을 떠났고, 스무 살 때는 송나라 기관씨(亓官氏)와 결혼하여 이듬해 아들 공리(孔鯉, 자는 백어伯魚)를 낳았다.

공자는 젊어서 남의 상사(喪事)를 돕는 일도 하고, 위리(委吏, 창고 관리원)·승전(乘田, 목장 관리원) 등 낮은 벼슬을 하기도 하였다. 서른 살을 전후해서는 가르침을 구하는 제자들이 몰려들면서 강학수덕(講學修德, 학문을 강술하고 덕행을 수양함)과 제세안민(濟世安民, 세상을 구제하고 백성을 안정시킴)을 목표로 하는 사학(私學) 공동체를 형성하였다. 이후 공자는 종신토록 "스스로 배움에 싫증을 내지 않고 남을 가르침에 게으름을 피우지 않았다.(學而不厭, 誨人不倦)"(『논어』「술이편述而篇」) 쉰한 살 때는 정식으로 정치에 참여하기 시작하여 노나라 중도재(中都宰, 국도國都의 장관)에 올랐고, 이듬해에는 소사공(小司空, 건설부 부장관)을 거쳐 대사구(大司寇, 사법부 장관)로 승진하였으며 다시 얼마 후에는 재상(宰相)을 겸임하였다. 내정과 외교에 걸친 공자의 탁월한 정적(政績)은 마침내 노나라를 안정과 번영으로 이끌었다.

그러나 공자의 집정(執政)은 역으로, 왕권을 위협하며 전횡을 일삼던 조정 권력자들의 이익을 침해하였고, 또 이웃나라 위정자들로 하여금 두려움을 느끼게 하였다. 위기감에 휩싸

인 간교한 무리들은 비열한 술책을 부렸고, 그에 현혹된 노(魯) 정공(定公)은 성색(聲色)에 빠져 공자를 멀리하였다. 또한 때를 같이하여 공자와 조정의 권력자 계씨(季氏) 사이의 불화도 표면화되었다. 공자가 애초 벼슬길에 오르며 꿈꿨던 이상 정치의 실현이 요원해진 것이다. 때문에 기원전 497년 쉰다섯 살 때 공자는 결국 벼슬을 버리고 제자들과 함께 노나라를 떠나 주유열국(周遊列國)의 장도에 올랐다. 그것은 곧 각국의 군주들을 설득해 천하에 이상 정치를 펴기 위한 목적이었다.

공자는 13년간 전후하여 위(衛), 진(陳), 조(曹), 송(宋), 정(鄭), 채(蔡), 초(楚) 등 열국을 주유하였는데, 나라에 따라 상빈(上賓)으로 예우하거나 냉담하거나 무덤덤한 태도를 보였다. 한데 어느 한 나라도 공자를 중용(重用)해 그 정치적 주장을 수용 시행하려고 하지 않았다. 뿐만 아니라 공자는 오랜 여정 속에서 위험이나 곤경에 처한 적이 한 두 번이 아니었다. 당시 어떤 사람은 공자를 보고 마치 '상갓집 개(喪家之狗)'(『사기史記』「공자세가孔子世家」)와 같다고도 하였다.

애공(哀公) 11년(기원전 484년) 예순여덟 살의 공자는 노나라 집정자 계강자(季康子)의 귀국 요청에 응함으로써 기나긴 방랑 생활을 마치고 고국으로 돌아와 만년의 삶을 살았다. 노나라는 공자를 국로(國老, 퇴임한 공경대부에 대한 존칭으로, 곧 국가의 원로를 일컬음)로 우대하며 국사를 자문하기도 하였으나 결코 공자의 견해를 적극적으로 채택하지는 않았다. 만년의 공자는 제자 교육을 계속하면서 고대 문헌의 연구와 정리에 몰두하였는데, 대개 『시(詩)』, 『서(書)』, 『역(易)』, 『예(禮)』, 『악(樂)』, 『춘추(春秋)』 육경(六經)은 모두 공자가 정리하거나 편찬한 것으로 알려지고 있다.

주(周) 경왕(敬王) 41년, 노 애공 16년(기원전 479년) 공자는 향년 73세를 일기로 세상을 떠났다. 수많은 제자들이 3년간 시묘(侍墓)하였으며, 특히 자공(子貢)은 6년간 시묘하였다. 또한 제자나 노나라 사람들이 아예 무덤 부근에 집을 짓고 산 사람들도 100여 호(戶)에 달해 하나의 마을을 이루면서 '공리(孔里)'라고 하였다.

## 『논어』는 어떤 책인가?

공자의 언행(言行) 사적(事迹)은 주로 『논어』를 비롯해 『예기(禮記)』, 『좌전(左傳)』, 『순자(荀子)』, 『사기(史記)』 등에 기록되어 전하는데, 그 중 『논어』가 가장 집중적이고 또 믿을 만하다.

『논어』는 어록체(語錄體) 저술로, 공자의 제자와 제자의 제자들이 편찬한 것이다. 『한서(漢書)』 「예문지(藝文志)」에서 말한 대로 "『논어』는 공자가 제자나 당시 사람들에게 응답한 말과 제자들이 서로 주고받은 말, 또 제자들이 공자에게 들은 말을 기록한 것이다. 당시 제자들은 각기 그 같은 기록을 가지고 있었는데, 공자께서 돌아가신 뒤에 문인들이 함께 수집해 논찬(論纂, 논의하여 편찬함)하였으며, 그래서 『논어』라고 한 것이다.(論語者, 孔子應答弟子時人及弟子相與言而接聞於夫子之語也. 當時弟子各有所記. 夫子旣卒, 門人相與輯而論纂, 故謂之

論語)” 아무튼 『논어』는 여러 사람에 의해 상당한 기간에 걸쳐 편찬된 유가 경전으로, 대략 공자 사후(死後) 70여 년이 지난 기원전 400년 전후, 즉 전국시대 초엽에 이르러 증자(曾子)의 문인들이 가장 나중에 완성한 것으로 추정된다.

유가는 본시 선진(先秦) 제자백가 중의 일파로서 결코 우월적인 지위에 있지 않았으며, 오히려 진시황(秦始皇)이 자행한 분서갱유(焚書坑儒)로 인해 치명적인 타격을 입었을 뿐이다. 하지만 전한(前漢) 무제(武帝)가 백가를 배척하고 오직 유가만을 존숭하면서 유가는 정통의 지위에 올랐고, 유학은 국가의 통치 이념으로 자리를 잡았다. 이 같은 분위기에서 『논어』의 가치와 지위는 날로 높아졌고, 조정에서는 '박사(博士)'를 두어 『논어』를 전문적으로 연구하고 전수(傳授)하게 하였다. 이후 대대로 『논어』의 주석본이 나오게 되는데, 아쉽게도 한대(漢代)의 연구 성과는 현재 제대로 전하는 것이 없다.

현존하는 최고(最古)의 완정한 『논어』 주석본은 위대(魏代) 하안(何晏) 등이 편찬한 『논어집해(集解)』로, 한·위대 여러 명가(名家)의 연구 성과를 집대성하였다. 그리고 양대(梁代) 황간(皇侃)의 『논어의소(義疏)』, 북송 형병(邢昺)의 『논어주소(注疏)』, 남송 주희(朱熹) 즉 주자(朱子)의 『논어집주(集註)』, 청대 유보남(劉寶楠)의 『논어정의(正義)』, 또 근대 양수달(楊樹達)의 『논어소증(疏證)』, 정수덕(程樹德)의 『논어집석(集釋)』 등이 모두 후세의 『논어』 해석을 이끈 중요한 참고서들이다. 이 중 예부터 우리나라 사람들이 가장 많이 참고한 것은 바로 주자의

『집주』이며, 조선시대 다산(茶山) 정약용의 『논어고금주(古今註)』는 우리나라 역대 『논어』 연구의 가장 큰 성과이다.

## 『논어』를 통해 본 공자의 사상

『논어』는 대체로 우리에게 사람이 어떻게 마음과 행실을 바르게 닦아 사람 노릇을 하고, 벼슬살이를 비롯한 일상의 일들을 수행하며, 또한 배움에 정진할 것인가를 가르쳐준다. 이 삼자는 불가분의 관계에 있으나 중점은 어떻게 하면 제대로 사람 노릇을 할 것인가에 두어져 있다. 아무튼 『논어』는 공자의 철학, 윤리학, 정치학, 교육학 등의 풍부한 사상을 포함하고 있다.

주지하다시피 공자 사상의 핵심은 '인(仁)'이다. '인'은 최고의 도덕관념으로, 『논어』에서 공자가 내린 몇 가지 정의를 한마디로 개괄하면 '애인(愛人)'(「안연편顔淵篇」), 즉 사람을 사랑하는 것이다. 다만 여기서 사람을 사랑한다고 함은 나 자신으로부터 미루어 남에게 미쳐가는 인애(仁愛)의 마음을 말한다. 때문에 공자는 "자신이 하기 싫은 것은 다른 사람에게도 하지 않아야 한다.(己所不欲, 勿施於人)"(위와 같음)고 하였다.

공자 사상에서 또 하나의 중요한 관념은 '예(禮)'이다. 공자가 말하는 '예'는 국가 사회의 전장(典章) 제도와 예의 규범 및 습속(習俗)을 총칭한다. '예'는 사람이 반드시 갖추어야 할 인격적 형상으로, 만약 '예'를 배우지 않으면 절대로 사회생활 속에서 원만히 입신 처세할 수 없다. 다시 말해서 한 사회이

구성원들이 너 나 할 것 없이 '예'를 배우고, '예'를 익힌다면 그 전체 사회는 필시 안정과 조화를 이루어갈 것이다. 때문에 공자는 '인'의 실현은 곧 '예'를 통해서 이루어져야 한다고 하였다. 이를테면 "자신의 사욕(私慾)을 극복하고 일체의 언행을 '예'의 규범에 맞게 하는 것이 바로 '인'(克己復禮爲仁)"(위와 같음)이라는 얘기다.

공자의 사상 체계 가운데 빠뜨릴 수 없는 것이 또 있으니, 곧 '중용(中庸)'이다. 중용의 철학적 의미는 절충 · 평형 · 불편부당(不偏不黨)이다. 공자는 중용의 도(道)를 창도(唱導)하며 '지나침[過]'과 '모자람[不及]'을 반대하였다. 때문에 중화(中和)와 조화를 귀중히 여기며 "문채와 질박함이 고르게 어울려 조화로운 연후에야 비로소 군자다움(文質彬彬, 然後君子)"(「옹야편雍也篇」)과 "반드시 가함도 없고 또 절대로 불가함도 없음(無可無不可)"(「미자편微子篇」)을 강조하였다.

공자는 역사상 최초로 사학(私學)을 열어 종신토록 후학을 가르치는 데 매진한 교육가이다. 또한 후세 사람들에 의해 '만세(萬世)의 사표(師表, 학식과 덕행이 높아 뭇사람의 본보기가 될 만한 인물)'로 추앙받는 지성(至聖) · 선사(先師)이다. 이에 우리는 공자의 교육사상에 주목하지 않을 수 없다. 공자 이전에는 오직 귀족의 자제만이 교육을 받을 수 있는 특권이 있었다. 하지만 공자는 "오직 가르침이 있을 뿐 유별(類別)은 없다.(有教無類)"(「위영공편衛靈公篇」) 즉 제자를 받아 가르침에 빈부나 귀천, 현우(賢愚)는 불문한다는 것을 힘주어 말하였다. 전하는 바에 의하면 공자가 일생 동안 가르친 제자는 3천명에 달하며, 그 가운데 현(賢)제자도 72명이나 있었다고 한다. 또한 공자는 덕육(德育)을 우선시하면서 지육(智育)은 이차적인 것으로 여겼다. 교육방법상에 있어서는 '인재시교(因材施教)', 즉 같은 내용을 가르치는 데에도 학생 개개인의 개성과 자질에 따라 그 방법을 달리하였다. 또 '거일반삼(擧一反三)', 즉 하나를 가르치면 둘, 셋을 유추해 알아야 한다는 계발식(啓發式) 교학을 강조하고 실시하였다. 그 밖에도 공자는 다문다견(多聞多見, 많이 듣고 많이 봄), 학이사지(學而思之, 배우면서 생각함), 온고지신(溫故知新, 배운 것을 거듭 익혀서 새로운 것을 앎), 불치하문(不恥下問, 자기보다 못한 사람에게 묻는 것을 부끄러워하지 않음) 등의 관점을 비롯한 갖가지 진보적이고 효율적인 교육관을 설파하였다.

# 제1편 학이(學而)

「학이편(學而篇)」은 모두 16장(章)으로 이루어져 있으며, 대체로 사람이 배움을 통해 제대로 사람 노릇을 할 수 있는 올바른 방도와 방향을 제시하였다.

## 1-1

공자께서 말씀하셨다. "배우고 또 그것을 수시로 익히면 어찌 기쁘지 아니하겠는가? 벗이 먼 곳에서 찾아오면 어찌 즐겁지 아니하겠는가? 사람들이 알아주지 않아도 성내지 않으면 어찌 군자가 아니겠는가?"

**子曰[1]: "學而時習之[2]면 不亦說乎[3]아? 有朋이 自遠方來[4]면 不亦樂乎아? 人不知而不慍[5]이면 不亦君子乎[6]아?"**

【독음】 자왈: "학이시습지, 불역열호? 유붕자원방래, 불역락호? 인부지이불온, 불역군자호?"

【요지】 사람은 효과적인 배움을 통해 궁극적으로 군자를 지향하여야 함.

### 주석

1) 子(자) : 옛날 스승이나 학문이 높은 사람에 대한 존칭. 오늘날의 선생님과 같음. 『논어』에서는 모두 공자를 지칭함.

2) 而(이) : 순접의 접속사. 여기서는 또, 또한, 연후(然後)에 등의 뜻을 함축함. 時(시) : 수시로. 일설에는 때때로, 제때에, 적당한 때에. 習(습) : 익힘. 학습 대상에 따라 복습, 연습, 실습의 뜻을 내포함.

3) 不亦(불역) : 기불(豈不), 곧 '어찌 ~하지 아니한가?'의 뜻. 說(열) : 열(悅)과 같음. 기쁨, 유쾌함. '열'은 내심으로 기쁨

을 느끼는 것을 나타낸다면 아래의 '낙(樂)'은 즐거운 감정이 밖으로 드러남을 표현함. 乎(호) : 의문의 어조사. 여기서는 감탄의 어기(語氣)를 아울러 함축함.

4) 有朋(유붕) : 후한(後漢) 반고(班固)의 『백호통의(白虎通義)』「벽옹편(辟雍篇)」에서는 스승과 제자의 도(道)에는 세 가지가 있으며 그 중 한 가지가 '붕우지도(朋友之道)'라고 하면서 이 구절을 '붕우자원방래(朋友自遠方來)'로 인용했는데, 아마 본래의 면모가 아닌가 함. 옛 주(注)에 "동문을 '붕'이라 하고, 동지를 '우'라 한다.(同門曰朋, 同志曰友)"고 하였으니, '붕우'는 서로 뜻이 같은 사람으로, 특히 동문수학(同門修學)하는 관계에 있는 이를 가리킴. 일설에는 '붕우'가 제자를 가리킨다고 하는데, 그 역시 통함.

5) 而(이) : 역접의 접속사. 慍(온) : 성냄, 원망함.

6) 君子(군자) : 옛날에 신분 지위나 도덕 수양이 높은 사람을 일컬은 말. 여기서는 후자, 즉 도덕군자를 가리킴.

**주자(朱子)의 한 마디***

○ 배우는 것은 본받는 것이다.

○ 익히는 것은 새가 거듭 나는 것이니, 배우기를 그치지 않음은 (아직 날기에 익숙지 않은) 어린 새가 거듭 나는 것과 같다.

○ 먼 곳에서 왔다면 가까이에 있는 이도 분명 왔을 것이다.

---

* 이 부분은 독자의 이해를 돕기 위해 주자의 『논어집주(論語集註)』에서 적합한 풀이를 발췌한 것이며, 아래에서도 별도의 표기가 없는 한 모두 이와 같다. 다만 주자의 풀이에 적합한 내용이 없는 경우에는 드물게 표제까지 고쳐 형병(邢昺)이나 다산(茶山) 등 역대 주석가의 풀이로 대체하였다.

○ 윤씨(尹氏)가 말하였다. "배움은 자신에게 달렸고, 알아주느냐 마느냐는 남에게 달렸는데 어찌 성낼 것이 있겠는가?"

## 1-2

유자(有子)가 말하였다. "그 사람됨이 부모에게 효도하고 형을 공경하면서 윗사람에게 무례하게 굴기를 좋아하는 사람은 드무나니, 윗사람에게 무례하게 굴기를 좋아하지 않으면서 도리나 규범을 어지럽히기를 좋아하는 사람은 일찍이 없었다. 군자는 근본에 힘쓰나니 근본이 바로 서면 도(道)가 생겨나거니 부모에게 효도하고 형을 공경하는 것, 그것이 바로 인도(仁道)의 근본이로다!"

**有子曰**[1]: "**其爲人也孝弟**[2]요 **而好犯上者**[3]는 **鮮矣**[4]니 **不好犯上**이요 **而好作亂者**[5]가 **未之有也**[6]니라. **君子**는 **務本**이니 **本立而道生**[7]하나니 **孝弟也者**는 **其爲仁之本與**[8]인저!"

【독음】 유자왈: "기위인야효제, 이호범상자, 선의; 불호범상, 이호작란자, 미지유야. 군자무본, 본립이도생. 효제야자, 기위인지본여!"

【요지】 모름지기 사람은 근본에 힘써야 하는바 인도의 근본은 바로 효제(孝悌)임.

**주석**

1) 有子(유자) : 공자 만년(晩年)의 제자 유약(有若). 자(字)는 자유(子有)이고, 노(魯)나라 사람임.
2) 孝弟(효제) : 효제(孝悌)와 같음. '효'는 자식이 부모에게 효도함. '제'는 아우가 형을 공경함.
3) 而(이) : 역접의 접속사. 好(호) : 좋아함. 犯(범) : 범함, 무례하게 굶.
4) 鮮(선) : 적음, 드묾.
5) 亂(난) : 도리에 어긋나고 규범을 어지럽히는 짓.
6) 未之有也(미지유야) : '미유지야(未有之也)'의 도치. 한문(漢文) 문법상 부정문이나 의문문에서 목적어가 대명사인 경우 일반적으로 목적어를 동사 앞에 두어 어기(語氣)를 강화함.
7) 而(이) : 순접의 접속사. 道(도) : 고대 동양 사상의 핵심 개념으로, 여러 가지 함축적 의미를 지니나 여기서는 공자가 제창한 인도(仁道)를 가리킴.
8) 爲(위) : '~이다'는 뜻. 일설에는 행(行)함. 仁(인) : 공자 사상의 주체(主體)이자 핵심적 도덕관념. 주자는 이를 '사랑의 원리요, 마음의 덕(德)'이라고 풀이함. 與(여) : 여(歟)와 같음. 문장 끝에 쓰이는 어조사로 겸손하고 완곡한 어기를 나타냄.

**주자의 한 마디**

○ 효제는 인(仁)을 행하는 근본이니, 배우는 사람이 이에 힘쓰면 인도가 그로부터 생겨날 것이다.

## 1-3

공자께서 말씀하셨다. "듣기 좋은 말과 보기 좋은 얼굴빛을 꾸며 아첨하는 사람은 인(仁)한 이가 드무니라!"

子曰: "巧言令色[1]은 鮮矣仁[2]이니라!"

【독음】 자왈: "교언령색, 선의인!"
【요지】 교언 영색하는 사람에 대한 경각심을 일깨워 줌.

**주석**

1) 巧言令色(교언영색) : 듣기 좋게 꾸며 아첨하는 말과 보기 좋게 꾸며 알랑거리는 얼굴빛. 또 그렇게 함. '교'는 아름답게 꾸밈. '영'은 선량하게 꾸밈. '색'은 안색(顔色), 또는 태도.
2) 鮮矣仁(선의인) : '인선의(仁鮮矣)'의 도치. 감탄 내지 개탄의 어기를 강화하기 위함임.

**주자의 한 마디**

○그 말을 듣기 좋게 하고 그 얼굴빛을 보기 좋게 하여 외관에 꾸미기를 다해 남을 기쁘게 하는 데 힘쓰면 인욕(人慾, 사람의 욕심)이 한껏 발하여 본심(本心)의 덕성이 사라진다. 성인(聖人)은 말이 박절하지 않아 그저 '드물다(鮮)'고만 하셨지만 교언 영색하는 사람은 절대로 인한 이가 없음을 알 수 있나니 배우는 사람들이 깊이 경계해야 할 것이다.

## 1-4

증자(曾子)가 말하였다. "나는 하루에 세 번 나 자신을 돌이켜 보나니 '다른 사람을 위해 일을 도모하며 온 몸과 마음을 다하지 않은 바가 있는가?' '벗과 사귀며 성신(誠信)하지 않은 바가 있는가?' '선생님께 배운 것을 익히지 않은 바가 있는가?' 하는 것이니라."

**曾子曰**[1]: "**吾日三省吾身**[2]하나니 **爲人謀而不忠乎**[3]아 **與朋友交而不信乎**[4]아 **傳不習乎**[5]아니라."

【독음】 증자왈: "오일삼성오신, 위인모이불충호? 여붕우교이불신호? 전불습호?"

【요지】 일상적인 자아 성찰을 통해 도덕의 수양과 학문의 증진에 힘쓸 것을 강조함.

### 주석

1) 曾子(증자) : 공자 만년의 수제자(首弟子) 증삼(曾參). 자는 자여(子輿), 노(魯)나라 사람. 공자보다 46살이 적고 공자 제자 가운데 가장 나이가 어렸는데, 아버지 증점(曾點)도 공자의 제자였음. 효성이 지극한 것으로 유명하며 『효경(孝經)』은 그의 저술로 알려짐.

2) 三省(삼성) : 세 번 반성함.

3) 忠(충) : 진력(盡力)함, 전심전력을 다함.

4) 信(신) : 성신(誠信)함, 성실함.

5) 傳(전) : 스승에게 전수(傳受, 전해 받음)한 것. 곧 배운 것. 일설에는 다른 사람에게 전수(傳授, 전해 줌)한 것이라고 하나 적절치 않음. 習(습) : *본편(本篇) '학이시습지(學而時習之)'(1-1)의 '습'과 같음.

**주자의 한 마디**

○증자는 날마다 이 세 가지로 자신을 반성하여 잘못이 있으면 고치고 잘못이 없으면 더욱 힘씀으로써 자신을 다스림에 이렇듯 정성스럽고 간절하였으니, 배움의 근본을 터득하였다고 할 수 있다.

## 1-5

공자께서 말씀하셨다. "병거(兵車) 천 승(乘)을 보유한 제후국을 다스림에 있어서는 정사(政事)를 신중하고 정성스럽게 처리하며 신실(信實)함을 다하고, 재정 지출을 아끼면서 만백성을 사랑하며, 특히 백성을 부릴 때는 농한기에 맞추어야 하느니라."

子曰: "道千乘之國[1]한댄 敬事而信[2]하며 節用而愛人[3]하며 使民以時[4]니라."

【독음】 자왈: "도천승지국, 경사이신, 절용이애인, 사민이시."
【요지】 치국(治國)의 몇 가지 중요한 원칙을 제시함.

#### 주석

1) 道(도) : 도(導)와 같음. 영도(領導)함, 다스림. 千乘之國(천승지국) : 병거 천 승을 소유한 중등 국력의 제후국(諸侯國)을 일컫는 말. '승'은 네 필의 말이 끄는 병거 한 대를 이름.
2) 敬(경) : 여기서는 일을 신중하고 진지하게 처리함을 이름.
3) 用(용) : 나라의 재정(財政) 지출. 愛人(애인) : 애민(愛民), 즉 백성을 사랑함.
4) 使民以時(사민이시) : 백성을 징용(徵用)함에 "농사철을 그르치지 않는다.(不違農時)"(『맹자孟子』「양혜왕梁惠王 · 상」)는 말. '사'는 (백성을) 부림, 사역(使役)함, 징용함. '시'는 여기서는 농극(農隙, 농사의 여가) · 농한(農閑)의 시기를 가리킴.

#### 주자의 한 마디

○ 정자(程子)께서 말씀하셨다. "이 말씀은 지극히 천근(淺近)하다. ……성인의 말씀은 비록 천근하나 위아래로 두루 통하나니 이 세 마디 말을 지극히 실행한다면 요순(堯舜)의 치국도 이에 지나지 않을 것이다."

## 1-6

공자께서 말씀하셨다. "젊은이는 집안에 들어가서는 부모에게 효도하고 집밖에 나가서는 어른을 공경하며, 말을 삼가서 신실(信實)하게 하고 뭇사람을 두루 사랑하되 어진 사람을 특히 가까이 해야 하나니, 이를 모두 행(行)하고도 여력이 있으면 그제야 옛 글을 공부하는 것이니라."

**子曰: "弟子入則孝[1]하고 出則弟[2]하며 謹而信[3]하며 汎愛衆[4]호되 而親仁[5]이니 行有餘力[6]이어든 則以學文[7]이니라."**

【독음】 자왈: "제자입즉효, 출즉제, 근이신, 범애중, 이친인. 행유여력, 즉이학문."

【요지】 배움은 도덕의 수양과 실천이 우선이요, 지식의 습득과 증진은 이차적임.

**주석**

1) 弟子(제자) : 여기서는 형과 아버지에 대해 이르는 말로, 젊은 자제(子弟, 한 집안의 아들과 아우인 젊은이)를 가리킴.
2) 弟(제) : 제(悌)와 같음. 여기서는 어른을 공경한다는 뜻.
3) 謹而信(근이신) : 삼가고 신실함. 상하의 문의(文意)를 감안하면 '효'·'제'는 행동의 문제이고, '근'·'신'은 말의 문제인 것으로 보임. 말을 삼가는 것이야말로 진정 신실할 수 있는 요체일 것임.
4) 汎(범) : 널리, 두루. 衆(중) : 뭇사람.
5) 親(친) : 친근하게 지냄, 가까이 함. 仁(인) : 인인(仁人).
6) 行(행) : 상술한 '효제(孝悌)'·'근신(謹信)'·'애중(愛衆)'·'친인(親仁)'의 행위를 가리킴.
7) 以(이) : 지시대명사 '지(之)'가 생략된 형태. 곧 이지(以之)의 뜻으로, 그것으로써, 그것을 이용해서. 여기서 '그것(之)'은 '여력'을 가리킴. 文(문) : '옛 사람이 남긴 글(古之遺文)'. 곧

옛 글, 또는 고대 문헌.

**주자의 한 마디**

○ 정자께서 말씀하셨다. "젊은이의 직분을 다하고 여력이 있으면 옛 글을 공부하는 것이니, 그 직분을 닦지 않고 먼저 글공부를 하는 것은 '자신을 위하는(爲己)' 공부가 아니다." (역주/ 자기 자신의 도덕 수양을 위한 공부가 아니라 남에게 보이기 위한 공부라는 말)

## 1-7

자하(子夏)가 말하였다. "아내의 현덕(賢德)을 높이 사되 미색(美色)은 대수롭지 않게 여기고 부모를 모시되 온 심력(心力)을 다 할 수 있으며, 임금을 섬기되 신명(身命)을 바칠 수 있고 벗과 사귀되 그 말에 신실함이 있으면 그가 비록 아직 배우지 못했다고 하더라도 나는 반드시 그가 이미 다 배운 것이라고 하리라."

子夏曰[1]: "賢賢하되 易色[2]하며 事父母[3]하되 能竭其力[4]하며 事君하되 能致其身[5]하며 與朋友交하되 言而有信이면 雖曰未學이라도 吾必謂之學矣라하리라."

【독음】 자하왈: "현현이색; 사부모, 능갈기력; 사군, 능치기신; 여붕우교, 언이유신. 수왈미학, 오필위지학의."

【요지】 배움의 근본과 핵심은 윤리 도덕의 실천에 있음.

**주석**

1) 子夏(자하) : 공자 만년의 제자 복상(卜商). '자하'는 그의 자(字). 진(晉)나라 사람으로, 공자보다 44살이 적었고 문학(文學)에 정통함.
2) 賢賢易色(현현이색) : 아내에 대한 남편의 가치관의 문제로, (남편이 아내의) 현덕(賢德)을 중시하고 미색(美色)을 경시한다는 뜻. 앞의 '현'은 동사로, 어질게 여김 즉 높이 삼. 뒤의 '현'은 명사로, 현량(賢良)한 품덕(品德). '이'는 경이(輕易)히, 즉 대수롭지 않게 여김. '색'은 여인의 미색. 주자는 '이'를 '역(易)', 즉 바꿈, 대체함으로 보아 현인을 존중하는 마음으로 미색을 좋아하는 마음을 바꾼다는 뜻으로 풀이함.
3) 事(사) : 섬김, 모심.
4) 竭(갈) : 다함.
5) 致(치) : 다함, 바침.

**주자의 한 마디**

○ 이 네 가지는 모두 인륜 가운데 중대한 것이니, 이를 행함에 반드시 정성을 다해야 할 것인바 배움이란 곧 이와 같음을 구할 따름이다.

○ 유씨(游氏)가 말하였다. "하(夏)·은(殷)·주(周) 삼대(三代)의 학문은 모두 인륜을 밝히는 것이었나니, 이 네 가지에 능하면 곧 인륜이 돈후(敦厚)해 질 것인바 배움의 길을 가며 여기에 또 무엇을 더하겠는가?"

## 1-8

공자께서 말씀하셨다. "군자가 진중(鎭重)하지 않으면 위엄이 없으나 열심히 배우면 고루하지 않나니 언행을 함에는 충(忠)·신(信)을 위주로 하고 자기보다 못한 이를 벗하지 말며 잘못이 있으면 고치기를 꺼리지 말아야 하느니라."

子曰: "君子는 不重則不威나 學則不固[1]니 主忠信[2]하고 無友不如己者[3]며 過則勿憚改[4]니라."

【독음】 자왈: "군자부중즉불위, 학즉불고, 주충신, 무우불여기자, 과즉물탄개."

【요지】 군자가 되기 위한 호학(好學)과 수덕(修德)의 이치를 설파함.

#### 주석

1) 學則不固(학즉불고) : (군자가 성현의 가르침을) 열심히 배우면 (박학다식해져) 고루하지 않게 된다는 뜻. '고'는 고루함, 완고함. 주자는 (군자가 중후하지 못하면 위엄이 없어지고) 배운 것도 견고하지 못하게 된다는 뜻으로 풀이함.

2) 主忠信(주충신) : (언행을 함에) 충성과 신의를 위주로 함. 「안연편(顔淵篇)」의 '주충신'(12-10)도 같은 뜻으로 이해할 수 있음.

3) 無友不如己者(무우불여기자) : '무'는 무(毋)와 통하며 다음 구절의 '물(勿)'과 같은 뜻으로, ~하지 마라. '우'는 여기서는 동사. 벗함, 벗으로 삼음. '불여기자'는 인덕(仁德)이 자

기보다 못한 사람.

4) 憚(탄) : 꺼림, 두려워함.

**주자의 한 마디**

○ 벗은 인덕을 닦도록 서로 돕는 사람이니 자기보다 못하면 이로움은 없고 손해만 있을 뿐이다.

○ 유씨가 말하였다. "군자의 도(道)는 위엄과 진중함을 바탕으로 하면서 부단히 배워 완성해나가야 할 것이다. 또한 배움의 도는 반드시 충성과 신의를 위주로 하면서 자기보다 나은 사람이 자신을 돕도록 하여야 할 것이다. 그러나 혹 잘못을 고치는 데 인색하면 끝내 성인(聖人)의 덕성을 닦는 경지에 들지 못하기 때문에 현사(賢者)들이 반드시 선도(善道)를 즐겨 말해주지는 않을 것이다. 그러므로 잘못을 고치기를 꺼리지 말라는 말로 끝을 맺은 것이다."

## 1-9

증자가 말하였다. "부모의 장사(葬事)에 슬픔과 예(禮)를 다하고, 조상의 제사에 정성과 공경을 다하면 민정(民情) 풍속이 돈후(敦厚)해지리라."

曾子曰: "愼終追遠[1]이면 民德이 歸厚矣[2]리라."

【독음】 증자왈: "신종추원, 민덕귀후의."

【요지】 사회의 도덕과 풍속에 대한 효도의 영향과 효과를 설명함.

**주석**

1) 愼終(신종) : 장례(葬禮)를 삼감. 곧 부모의 장사에 슬픔과 예를 다함. '종'은 죽음. 여기서는 장사·장례를 두고 이름. 追遠(추원) : 조상을 추념(追念)해 제사(祭祀)함. 곧 조상의 제사에 정성과 공경을 다함. '추'는 추념함. 여기서는 제사·제례를 두고 이름. '원'은 돌아가신 지 오래된 조상(부모를 포함함)을 이름.

2) 厚(후) : 돈후함, 인후(仁厚)함, 순후(淳厚)함.

**주자의 한 마디**

○(군주가) 이를 스스로 행하면 자신의 덕(德)이 돈후해지고, 그와 같이 아래로 백성들을 교화하면 백성들의 덕성도 돈후함으로 돌아갈 것이다.

## 1-10

자금(子禽)이 자공(子貢)에게 물었다. "선생님께서는 한 나라에 가시면 반드시 그 나라의 정사(政事)에 대해 들으시는데, 그것은 선생님께서 요구를 하시는 것인가? 아니면 그 나라에서 먼저 선생님께 말씀드리는 것인가?" 자공이 말했다. "선생님께서는 온화함과 선량함·공손함·검박(儉朴)함·겸양함으로 그 나라의 정사를 듣게 되시는 것이니, 선생님께서 구하시는 이치는 아마도 다른 사람들이 구하는 것과는 다르리라!"

**子禽이 問於子貢曰[1]: "夫子至於是邦也[2]하사 必聞其政하시나니 求之與[3]아 抑與之與[4]아?" 子貢이 曰: "夫子는 溫良恭儉讓以得之시니 夫子之求之也는 其諸異乎人之求之與[5]인저!"**

【독음】 자금문어자공왈: "부자지어시방야, 필문기정, 구지여? 억여지여?" 자공왈: "부자온량공검양이득지. 부자지구지야, 기저이호인지구지여!"

【요지】 공자의 성덕(盛德)의 감화력을 설명함.

**주석**

1) 子禽(자금) : 공자의 제자 진항(陳亢). '자금'은 그의 자(字). 진(陳)나라 사람. 일설에는 자공(子貢)의 제자라고 함. 子貢(자공) : 공자의 제자 단목사(端木賜). '자공'은 그의 자, '단목'은 복성(複姓)이고, '사'가 이름. 위(衛)나라 사람.

2) 夫子(부자) : 옛날 대부(大夫) 이상의 관리를 역임한 사람에 대한 경칭(敬稱). 공자는 노나라의 사구(司寇, 사법 장관)를 지낸 적이 있기 때문에 제자들이 그를 '부자'라고 불렀는데, 나중에는 이를 그대로 좇아 '선생님'을 '부자'라고 일컬음. 是(시) : 이[此], 그[其].

3) 與(여) : 여(歟)와 같음. 의문의 어조사.

4) 抑(억) : 선택 접속사. 혹은, 그렇지 않으면. 與之與(여지여)

: 앞의 '여'는 (말해) 준다는 뜻의 동사. 뒤의 '여'는 의문의 어조사.

5) 其諸(기저) : 추측의 어조사. 혹은, 아마도.

**주자의 한 마디**

○ 이 다섯 가지는 선생님의 성덕의 광휘(光輝)가 사람들에게 비친 것이다.

○ 사씨(謝氏)가 말하였다. "배우는 사람들이 위엄 있고 예법에 맞는 성인(聖人)의 풍모를 자세히 살핀다면 또한 자신의 덕성을 증진시킬 수 있을 것이다."

## 1-11

공자께서 말씀하셨다. "아버지가 살아 있을 때는 아들의 뜻을 보고, 아버지가 죽은 뒤에는 아들의 행동을 보아야 하는데, 아들이 죽은 아버지의 처사(處事) 원칙을 3년 동안은 고치지 않아야 비로소 효성스럽다고 할 수 있느니라."

子曰: "父在엔 觀其志요 父沒엔 觀其行[1]이나 三年[2]을 無改於父之道[3]라야 可謂孝矣니라."

【독음】 자왈: "부재, 관기지; 부몰, 관기행; 삼년무개어부지도, 가위효의."

【요지】 효자의 심성과 행실을 논함.

### 주석

1) 其志(기지) · 其行(기행) : 아들의 뜻과 행동을 가리킴. 아버지가 살아 있을 때는 어떤 일을 아들이 독자적으로 행하기 어려우므로 그 뜻을 보고, 아버지가 죽은 뒤에는 어떤 일을 아들이 스스로 할 수 있으므로 그 행위를 본다는 말.

2) 三年(삼년) : 부모 사후 3년의 거상(居喪) 기간을 가리킴.

3) 道(도) : 아버지가 생전에 가사(家事)를 처리한 원칙과 방식을 높여 일컫은 말. 다만 그 가운데 지극히 이상적이고 합리적인 부분이나 한없이 모순되고 불합리한 부분은 제외됨. 아버지가 지켜온 지극히 바른 '도'라면 평생 그대로 본받고 따름이 옳고, 한없이 그른 '도'는 즉시 고침이 가(可)할 것이나 그렇지 않은 부분은 상중(喪中)에 있는 3년간만이라도 마치 아버지가 살아 계신 듯이 하여 함부로 고치지 않아야 효자라고 할 수 있다는 말.

### 주자의 한 마디

○ 윤씨(尹氏)가 말하였다. "아버지의 처사 원칙이 합당한 것이라면 종신토록 고치지 않아도 가할 것이나 만약 부당한 것이라면 어찌 3년을 기다리겠는가? 그런데 3년 동안 고치지 말라는 것은 효자의 마음에는 차마 하지 못하는 바가 있기 때문이다."

○ 유씨가 말하였다. "3년 동안 고치지 말라는 것은 마땅히 고쳐야 할 것이나 아직 고치지 않아도 되는 것임을 말할 따름이다."

## 1-12

유자가 말하였다. "예(禮)의 작용은 조화를 귀중히 여기나니, 선대 제왕의 치세지도(治世之道)도 그것을 이상으로 삼아 크고 작은 정사(政事)를 모두 그 같은 원칙에 따라 행하였도다. 하지만 조화도 통하지 않는 바가 있으니, 조화의 고귀함만 알고 어떻게든 조화를 추구하며 예로써 절제하지 않는다면 또한 통할 수 없는 것이니라."

有子曰: "禮之用[1]이 和爲貴[2]하니 先王之道[3]가 斯爲美[4]라 小大由之[5]니라. 有所不行[6]하니 知和而和[7]요 不以禮節之면 亦不可行也니라."

【독음】 유자왈: "례지용, 화위귀. 선왕지도, 사위미, 소대유지. 유소불행, 지화이화, 불이례절지, 역불가행야."

【요지】 예의 고귀한 정신은 조화와 중용에 있음.

### 주석

1) 禮(예) : 유가에서 주창한 일종의 사회 윤리 및 도덕규범과 생활 준칙으로, 인간관계상 귀천(貴賤)·장유(長幼)·존비(尊卑)·친소(親疏)·원근(遠近)의 원만한 질서 유지를 위한 행위 규범과 예의 법도를 말함. 用(용) : 작용, 운용, 효용.

2) 和(화) : 조화, 융화, 중화(中和), 중용.

3) 先王之道(선왕지도) : 선대 제왕의 치국·치세의 도. '선왕'은 요(堯)·순(舜)·우(禹)·탕(湯)·문(文)·무(武) 등 선대의

제왕으로, 공자가 숭앙하며 이상적 군주의 귀감으로 삼은 성군(聖君)을 이름.

4) 斯(사) : 차(此)와 같음. 이것, 그것. 여기서는 예의 조화 작용과 정신을 가리킴.

5) 由(유) : ~을 따름, ~에 의거함.

6) 行(행) : 행해짐, 두루 통함.

7) 知和而和(지화이화) : 조화가 고귀함을 알고 어떻게든 조화를 추구한다는 뜻. 곧 조화를 위한 조화를 추구함을 이름.

**주자의 한 마디**

○ 범씨(范氏)가 말하였다. "무릇 예의 본질은 공경함에 중점이 있다면 그 효용은 곧 조화를 귀중히 여기나니 공경은 예가 확립되는 근본이요, 조화는 악(樂)이 말미암아 생겨나는 근거이다."

## 1-13

유자가 말하였다. "믿음의 언약이 의리에 맞으면 그 말을 이행할 수 있고, 다른 사람을 공경함이 예의에 맞으면 치욕을 당하지 않으며, 사람을 가까이함에 마땅히 가까이할 사람을 잃지 않으면 또한 그를 존경할 만하도다."

有子曰: "信近於義[1]면 言可復也[2]며 恭近於禮면 遠恥辱也[3]며 因不失其親이면 亦可宗也[4]니라."

【독음】 유자왈: "신근어의, 언가복야. 공근어례, 원치욕야. 인불실기친, 역가종야."
【요지】 대인 관계의 몇 가지 기본 원칙을 논함.

**주석**

1) 信(신) : 신실함. 여기서는 특히 믿음으로써 한 언약을 이름. 近(근) : 여기서는 맞음, 부합함. 義(의) : 의리, 도의(道義).
2) 復(복) : 반복함. 여기서는 (언약을) 실천함, 이행함.
3) 遠(원) : 멀리함, 피함, 면(免)함.
4) 因(인) : 친애함, 가까이함. 주자는 의지함으로 풀이함. 宗(종) : 존경함. 주자는 종주(宗主)로 삼음으로 풀이함.

**주자의 한 마디**

○ 이는 사람이 언행과 교제를 함에 있어서 모두 그 시작을 삼가면서 마침을 생각하여야 하며, 그렇지 않으면 남에게 구차히 의지하는 사이에 장차 스스로 친할 사람을 잃고 회한을 이기지 못하는 경우가 있을 것이란 말이다.

## 1-14

공자께서 말씀하셨다. "군자가 식사함에 배부름을 추구하지 않고 거처함에 편안함을 추구하지 않으며, 일을 함에는 민첩하고 근면하나 말을 함에는 삼가고 조심하며 도덕 수양이 높은 이에게 나아가 가르침을 청한다면 가히 배우기를 좋아한다고 할 수 있느니라."

子曰: "君子가 食無求飽하며 居無求安[1]하며 敏於事而愼於言[2]이요 就有道而正焉[3]이면 可謂好學也已[4]니라."

【독음】 자왈: "군자식무구포, 거무구안, 민어사이신어언, 취유도이정언, 가위호학야이."

【요지】 학인(學人) 군자의 이상적인 형상을 제시함.

**주석**

1) 食無~求安(식무~구안) : 일심(一心)으로 향학하여 배부름과 편안함을 추구할 겨를이 없음을 이름.
2) 敏(민) : 민첩함. 여기서는 부지런히 힘쓴다는 뜻도 내포함.
3) 就(취) : 나아감, 다가감. 有道(유도) : 유도자(有道者), 곧 도덕 수양이 높은 사람. 正(정) : 바로 잡음. 곧 가르침을 청(請)해 받는다는 뜻. 焉(언) : 어조사. 서술과 단정의 어기(語氣)를 나타냄.
4) 也已(야이) : 어조사. 긍정과 단정의 어기를 나타냄.

**주자의 한 마디**

○ 윤씨가 말하였다. "군자의 배움이란 이 네 가지에 능하다면 뜻을 돈독히 하고 힘써 행한다고 할 수 있다. 그러나 만약 도덕 수양이 높은 이에게 가르침을 받지 않는다면 오차의 발생을 피할 수 없다. 이를테면 양주(楊朱)와 묵적(墨翟)은 인의(仁義)의 도(道)를 배우다가 오차가 발생한 자들로, 그 흐름이 결국 '무부(無父)'·'무군(無君)'의 지경에 이르렀으니 그들이 배우기를 좋아했다고 할 수 있겠는가?"

## 1-15

자공이 말하였다. “가난하지만 아첨하지 않고 부유하지만 교만하지 않으면 어떻습니까?” 공자께서 말씀하셨다. “괜찮다. 그러나 가난하지만 도(道)를 즐기고 부유하지만 예(禮)를 좋아하는 것만은 못하니라.” 자공이 말하였다. “『시경(詩經)』에서 ‘뼈와 뿔을 자르고 간 것 같고 / 옥과 돌을 쪼고 간 것 같다’라고 하였으니, 그것이 바로 이러한 뜻을 말하는 것이겠지요?” 공자께서 말씀하셨다. “사야, 이제 너와 함께 『시경』을 논할 수 있겠도다! 네게 조금 전의 그 한 가지 이치를 일러주었더니 아직 말하지 않은 것까지 미루어 아는구나!”

子貢이 曰: “貧而無諂[1]하며 富而無驕하면 何如[2]하니잇고?” 子曰: “可也나 未若貧而樂[3]하며 富而好禮者也니라.” 子貢이 曰: “詩云[4]: ‘如切如磋하며 如琢如磨[5]라’ 하니 其斯之謂與인저?” 子曰: “賜也[6]아 始可與言詩已矣[7]로다! 告諸往而知來者[8]온여!”

【독음】 자공왈: “빈이무첨, 부이무교, 하여?” 자왈: “가야, 미약빈이락, 부이호례자야.” 자공왈: “시운: ‘여절여차, 여탁여마.’ 기사지위여?” 자왈: “사야, 시가여언시이의! 고저왕이지래자!”

【요지】 학문 증진과 도덕 수양에 있어 부단한 정진(精進)을 강조함.

**주석**

1) 諂(첨) : 아첨함.

2) 何如(하여) : 여하(如何)와 같음.

3) 未若(미약) : 불여(不如)와 같음. ~만 못함. 貧而樂(빈이락) : 『사기(史記)』「중니제자열전(仲尼弟子列傳)」에는 '빈이락도(貧而樂道)'로 되어 있는데, 원래는 분명 그와 같이 다음의 '부이호례(富而好禮)'와 대구(對句)를 이루었을 것으로 보임.

4) 詩(시) : 『시경』.

5) 如切~如磨(여절~여마) : 『시경』「위풍(衛風)」「기오(淇奧)」시(詩)의 구절. '절'·'차'·'탁'·'마'는 네 가지 재료의 가공 공정으로, 뼈와 뿔을 다듬을 때는 먼저 자르고[切] 다시 갈아서[磋] 매끄럽게 하며, 옥과 돌을 다듬을 때는 먼저 쪼고[琢] 다시 갈아서[磨] 반드럽게 함을 이름. 이는 다듬음이 이미 정교한데 다시 더욱 정교함을 추구함으로, 대개 학문이나 덕행을 부단히 닦음을 비유함.

6) 賜(사) : 자공의 이름. 공자는 제자를 부를 때 늘 그 이름을 불렀음.

7) 已矣(이의) : 복합 어조사. 문장 끝에 쓰이며 의(矣)와 같은 뜻이나 어기(語氣)가 다소 가중됨.

8) 諸(저) : 지(之)와 같은 용법으로, 자공을 가리킴. 往(왕) : 여기서는 이미 말한 이치를 이름. 來(래) : 곧 아직 말하지 않은 이치를 이름.

**주자의 한 마디**

○이 장(章)의 문답은 그 깊고 얕음과 높고 낮음을 굳이 설명을 하지 않아도 알 수 있다. 그러나 자르지[切] 않으면 매끄

럽게 갈[磋] 수가 없고, 쪼지[琢] 않으면 반드럽게 갈[磨] 수가 없나니 배우는 사람은 작은 성취에 안주하여 도(道)의 극치로 나아감을 추구하지 않아서도 아니 되겠지만, 청허(淸虛)하고 초일(超逸)한 데로 치달려 자신에게 절실한 실제 병폐를 살피지 않아도 안 될 것이다.(역주/ 빈부를 두고 말하면 빈자의 병폐는 아첨함이요 부자의 병폐는 교만함이니, 반드시 그 같은 병폐를 먼저 제거한 연후에야 비로소 도를 즐기고 예를 좋아하는 경지에 다다를 수 있다는 것임. 또 인의(仁義) 도덕의 학문을 두고 말하면 배우는 사람의 병폐는 심히 고루하다는 것이니, 반드시 먼저 자신에게 절실한 실제 병폐를 제거한 연후에야 비로소 도의 극치로 나아감을 추구할 수 있다는 것임. —『논어집주대전(大全)』 참조)

## 1-16

공자께서 말씀하셨다. "다른 사람이 나를 알아주지 않음을 걱정하지 말고 내가 다른 사람을 알지 못함을 걱정하여야 하느니라."

子曰: "不患人之不己知[1]요 患不知人也니라."

【독음】 자왈: "불환인지불기지, 환부지인야."

【요지】 사람은 스스로 내실을 다지고 다른 사람을 알아보는 혜안(慧眼)을 기를 뿐 허명(虛名)을 추구하지 않아야 함.

#### 주석

1) 患(환) : 근심함, 걱정함. 不己知(불기지) : '부지기(不知己)'의 도치. 부정문에서 목적어가 대명사인 경우 왕왕 동사 앞에 놓아 어기(語氣)를 강화함.

#### 주자의 한 마디

○ 윤씨가 말하였다. "군자는 자신의 영역 안에 있는 것을 구한다. 그러므로 남이 자신을 알아주지 않음을 걱정하지 않는다. 하지만 자신이 남을 알지 못하면 시비(是非) · 사정(邪正, 그릇됨과 올바름)을 혹 변별할 수 없기 때문에 그것을 걱정거리로 여기는 것이다."

# 제2편 위정(爲政)

「위정편」은 모두 24장으로 이루어져 있으며, 대체로 '위정이덕(爲政以德)' 즉 덕치(德治)를 중심으로 한 정치사상을 비롯하여 인생 수양과 수학(修學) 방법 등을 논하였다.

## 2-1

공자께서 말씀하셨다. "덕(德)으로 나라를 다스리는 것은 비유하자면 북극성은 제자리에 가만히 있는데 뭇 별들이 모두 그 주위를 에워싸고 도는 것과 같도다."

子曰: "爲政以德[1]은 譬如北辰[2]이 居其所[3]어든 而衆星이 共之[4]니라."

【독음】 자왈: "위정이덕, 비여북신, 거기소, 이중성공지."
【요지】 천문(天文) 현상에 비유해 덕정(德政)의 감화력을 설명함.

**주석**

1) 爲政(위정) : (군왕이) 정치를 함, 나라를 다스림.
2) 譬如(비여) : 비유컨대 ~와 같음. 北辰(북신) : 북극성.
3) 所(소) : 장소, 자리.
4) 共(공) : 공(拱)과 같음. 둘러쌈, 에워쌈. 일설에는 '향(向)'의 뜻이라고 하는데 그 함의(含意)도 이와 같음.

**주자의 한 마디**

○ 덕으로 나라를 다스리면 일부러 뭔가를 하지 않아도 천하가 절로 귀심(歸心)한다.

○ 범씨(范氏)가 말하였다. "덕으로 나라를 다스리면 행동하지 않아도 절로 감화되고 말하지 않아도 절로 믿으며 뭔가를 특별히 하지 않아도 절로 이루어진다. 때문에 지키는 바가

지극히 간략하면서도 능히 번거로움을 제어할 수 있고, 처하는 바가 지극히 고요하면서도 능히 움직임을 통제할 수 있으며, 힘쓰는 바가 지극히 적으면서도 능히 뭇사람을 복종시킬 수 있다."

## 2-2

공자께서 말씀하셨다. "『시경(詩經)』 300편(篇)을 한 마디로 말한다면 그것은 바로 '생각에 사악함이 없다'는 것이니라."

**子曰: "詩三百[1]을 一言而蔽之[2]하면 曰[3]: '思無邪[4]'니라."**

【독음】 자왈: "시삼백, 일언이폐지, 왈: '사무사'."
【요지】『시경』의 종지(宗旨)를 '사무사' 한 마디로 요약함.

### 주석

1) 詩三百(시삼백) : 『시경』의 작품 총수를 일컫는 말. 『시경』의 실제 수록 작품은 모두 305편인데 옛날에는 흔히 '시삼백'이나 '삼백편(三百篇)'으로 통칭함.
2) 蔽(폐) : 덮음. 또 판단함. 여기서는 개괄함, 요약함.
3) 曰(왈) : 여기서는 '~이다'의 뜻.
4) 思無邪(사무사) : 사상에 사악함이 없음. 곧 사상이나 생각이 순정(純正)함을 이름.

**주자의 한 마디**

○ 정자(程子)께서 말씀하셨다. "생각에 사악함이 없다는 것은 성신(誠信)함을 말한다."

○ 범씨가 말하였다. "배우는 사람은 반드시 요의(要義)를 아는 데 힘써야 하나니 요의를 알면 간략한 원칙을 견지할 수 있고, 간략한 원칙을 견지하면 족히 그 시혜(施惠)가 한껏 넓어질 수 있다."

## 2-3

공자께서 말씀하셨다. "정령(政令)으로 이끌고 형벌로 다스리면 백성들은 형벌은 면하더라도 부끄러움을 모른다. 하지만 덕(德)으로 이끌고 예(禮)로써 가지런히 하면 백성들이 부끄러움을 알면서 개과천선하게 되느니라."

子曰: "道之以政[1]하고 齊之以刑[2]이면 民免而無恥[3]나 道之以德하고 齊之以禮면 有恥且格[4]이니라."

【독음】 자왈: "도지이정, 제지이형, 민면이무치; 도지이덕, 제지이례, 유치차격."

【요지】 덕치(德治)와 법치(法治)의 우열을 설명하면서 덕치를 적극 권장함.

**주석**

1) 道(도) : 도(導)와 같음. 인도함, 영도(領導)함. 政(정) : 정령,

즉 법제(法制) 금령(禁令) 따위.

2) 齊(제) : 정제(整齊)함, 가지런히 함. 곧 따끔하게 다스린다는 뜻. 앞의 '도(道)'가 사전의 교도(敎導)라면 이는 사후의 처벌을 말함.

3) 免(면) : 중국 선진(先秦)시대, 즉 진나라 이전의 고서(古書)에서 '면' 자(字)가 단독으로 쓰인 경우는 일반적으로 죄나 형벌, 또는 화(禍)를 면한다는 뜻임.

4) 格(격) : 지(至)와 같은 뜻으로, 여기서는 선함에 이른다는 말. 곧 개과천선함.

**주자의 한 마디**

○ 정령이 통치의 직접적인 도구이고 형벌이 통치를 돕는 법제라면 도덕과 예교(禮敎)는 곧 통치 행위의 근본이며, 도덕은 또 예교의 근본이다. 이들 양자는 서로 끝이 되고 시작이 되어 어느 한 쪽도 폐할 수 없다. 다만 정령과 형벌은 백성들로 하여금 죄를 멀리하게 할 따름인 반면 도덕과 예교의 효과는 백성들로 하여금 날로 개과천선하면서도 스스로 알지 못하게 할 수 있다. 그러므로 백성을 다스리는 자는 한갓 말단적인 정령과 형벌만을 믿어서는 아니 되며 근본적인 도덕과 예교를 깊이 탐구해야 할 것이다.

## 2-4

공자께서 말씀하셨다. "나는 열다섯 살에 배움에 뜻을 두었고 서른 살에는 스스로 일어섰으며, 마흔 살에는 사리(事理)

에 의혹을 갖지 않았고 쉰 살에는 하늘로부터 부여받은 사명을 알았으며, 예순 살에는 귀가 순(順)해졌고 일흔 살에는 하고 싶은 대로 해도 법도에 어긋나지 않았노라."

**子曰: "吾十有五而志于學[1]하고 三十而立[2]하고 四十而不惑[3]하고 五十而知天命[4]하고 六十而耳順[5]하고 七十而從心所欲[6]에도 不踰矩[7]호라."**

【독음】 자왈: "오십유오이지우학, 삼십이립, 사십이불혹, 오십이지천명, 육십이이순, 칠십이종심소욕, 불유구."

【요지】 공자가 일생의 구학(求學) 역정(歷程)을 자술함.

**주석**

1) 有(유) : 우(又)와 같음. 옛날에는 십 단위나 백 단위 등의 수, 특히 사람의 나이를 말할 때 끝수 앞에 습관적으로 '유' 자를 썼음. 志(지) : 입지(立志)함. 學(학) : 옛날에는 15세에 대학(大學)에 들어갔는데, 여기서 '학'은 대학지도(大學之道), 곧 군자를 목표로 하는 학문을 이름.

2) 立(립) : 구학상(求學上) 진전과 성취가 있어 사회적으로 능히 자립함.

3) 不惑(불혹) : 사물의 당연한 이치를 통달하여 의혹을 갖거나 미혹되지 않음.

4) 天命(천명) : 하늘로부터 부여받은 사명. 주자는 이를 천도(天道)가 널리 운행하며 사물에 부여된 것으로, 만사만물(萬事萬物)이 마땅히 그러한 소이(所以)라고 함. 다만 공자 구

학 역정의 전후 맥락에서 볼 때 이는 공자의 본의와는 다소 거리가 있는 것으로 보임.

5) 耳順(이순) : 자신과 상이하거나 상반되는 의견과 언론 또는 마음에 맞지 않고 거슬리는 반응과 자극에 대해 동요하거나 미혹되지 않으면서 전혀 귀에 거슬리지 않는 경지.

6) 從心所欲(종심소욕) : 마음이 하고자 하는 바를 따름. 곧 하고 싶은 대로 함, 마음대로 함.

7) 踰(유) : 넘음, 벗어남. 矩(구) : 곡척(曲尺). 또 법도(法度). 여기서는 인생의 법도, 준칙을 이름.

**주자의 한 마디**

○ 정자께서 말씀하셨다. "공자께서는 '태어나면서부터 아시는 분(生而知之者)'인데도 배워서 그 지극한 경지에 이르렀다고 하신 것은 후인(後人)을 권면하여 앞으로 나아가게 하신 것이다."

## 2-5

맹의자(孟懿子)가 효(孝)에 대해 여쭙자 공자께서 말씀하셨다. "예(禮)를 어기지 않는 것입니다." 그 후 번지(樊遲)가 공자의 수레를 몰고 가는데 공자께서 그에게 말씀하셨다. "맹손씨(孟孫氏)가 나에게 효에 대해 묻기에 내가 '예를 어기지 않는 것'이라고 대답하였다." 번지가 말하였다. "그게 무슨 말씀입니까?" 공자께서 말씀하셨다. "부모님이 살아 계실 때에는 예로써 섬기며, 돌아가시면 예로써 장사지내고 또 예로써 제사 드리는 것을 말하느니라."

孟懿子問孝[1]한대 子曰: "無違[2]니라." 樊遲御[3]러니 子告之曰: "孟孫[4]이 問孝於我어늘 我對曰: '無違라'호라." 樊遲曰: "何謂也니잇고?" 子曰: "生엔 事之以禮하고 死엔 葬之以禮하며 祭之以禮니라."

【독음】 맹의자문효. 자왈: "무위." 번지어, 자고지왈: "맹손문효어아, 아대왈: '무위.'" 번지왈: "하위야?" 자왈: "생, 사지이례; 사, 장지이례, 제지이례."

【요지】 정해진 예법에 따름으로써 효도를 다하는 이치를 설명함.

### 주석

1) 孟懿子(맹의자) : 노나라 대부(大夫) 중손하기(仲孫何忌). '의'는 시호(諡號). 중손씨(仲孫氏)는 춘추시대 중엽 이후 노나라 권신(權臣)으로 전횡을 일삼은 '삼가(三家)'의 하나로 나중에는 '맹손(孟孫)'으로 성(姓)을 바꿈. 맹의자의 아버지 맹희자(孟僖子), 즉 중손확(仲孫貜)이 임종 때 특별히 아들에게 공자를 찾아가 예를 배울 것을 당부하였다고 함.

2) 無違(무위) : 목적어 '예(禮)'가 생략된 형태로, 예를 어기지 않는다는 뜻.

3) 樊遲(번지) : 공자의 제자 번수(樊須). 자(字)는 자지(子遲). 『논어』에서는 흔히 '번지'로 일컬음. 노나라 사람, 일설에는 제(齊)나라 사람. 공자보다 36살(일설에는 46살)이 적었다고

함. 御(어) : 수레를 몲.

4) 孟孫(맹손) : 곧 맹의자를 가리킴.

**주자의 한 마디**

○ 호씨(胡氏)가 말하였다. "사람이 부모에게 효도하고자 하는 마음은 비록 끝이 없으나 그 분수는 한계가 있나니 할 수 있는데도 하지 않는 것과 할 수 없는데도 하는 것은 모두 불효이다. 이른바 '예로써 한다는 것'은 자신이 할 수 있는 것을 함일 따름이다."

## 2-6

맹무백(孟武伯)이 효에 대해 여쭙자 공자께서 말씀하셨다. "부모란 오직 자식의 병듦을 걱정할 따름이니라."

孟武伯[1]이 問孝한대 子曰: "父母는 唯其疾之憂[2]니라."

【독음】 맹무백문효. 자왈: "부모유기질지우."

【요지】 자식은 어쩔 수 없는 병마(病魔)를 제외하고 분별없는 비행(非行)으로 부모에게 걱정을 끼쳐서는 아니 됨.

**주석**

1) 孟武伯(맹무백) : 노나라 대부 맹의자(孟懿子)의 아들 중손체(仲孫彘). '무'는 시호.

2) 唯其疾之憂(유기질지우) : '유우기질(唯憂其疾)'의 도치. 오직 자식의 병듦을 걱정한다는 뜻. 이는 '기(其)' 자(字)가 자식을 가리키는 것으로 본 것인데, 일설에는 부모를 가리키는 것으로 봄.

**주자의 한 마디**

○ 부모가 자식을 사랑하는 마음은 미치지 않는 데가 없으나 오로지 자식이 질병에 걸릴까 두려워하며 늘 걱정함을 말한다.

○ 옛 풀이에서 "자식이 부모로 하여금 자신이 불의(不義)에 빠지는 것은 걱정하지 않고 오직 자신의 병듦을 걱정하게 하여야 비로소 효성스럽다고 할 수 있다."고 하였는데, 그 또한 통한다.

## 2-7

자유(子游)가 효에 대해 여쭙자 공자께서 말씀하셨다. "오늘날의 효는 단지 부모를 능히 부양하는 것을 말하나 개나 말도 모두 사람이 능히 기르는 바가 있으니 만약 부모를 공경하지 않는다면 어떻게 그것을 구별하겠느냐?"

子游問孝[1]한대 子曰: "今之孝者는 是謂能養[2]이나 至於犬馬하야도 皆能有養[3]이니 不敬이면 何以別乎리오?"

【독음】 자유문효. 자왈: “금지효자, 시위능양, 지어견마, 개능유양, 불경, 하이별호?”
【요지】 효도의 요체(要諦)는 부모를 공경하는 것임.

**주석**

1) 子游(자유) : 공자의 제자 언언(言偃). ‘자유’는 그의 자(字). 오(吳)나라 사람으로, 공자보다 45살이 적고 문학(文學)에 뛰어났음. 자하(子夏) · 자장(子張)과 함께 공자 만년의 우수한 제자로 이름이 남.
2) 是(시) : 단지. 養(양) : 의식주 위주의 물질적 부양을 이름.
3) 至於～有養(지어～유양) : 개나 말도 사람이 기를 수 있다는 말. 일설에는 개나 말도 사람을 위해 집을 지키거나 힘들여 수고하므로 그들 또한 사람을 봉양할 수 있다는 뜻으로 풀이하나 그다지 자연스럽지 못함. ‘지어’는 ～에 대해서는, ～으로 말하자면.

**주자의 한 마디**

○ 호씨가 말하였다. “세상 사람들은 부모를 섬김에 단지 부양만 하면 족하다고 하여 은혜에 친압(親狎, 버릇없이 너무 지나치게 친함)하고 사랑만 믿어 점차 불경(不敬)으로 흐름을 알지 못하는데, 이는 작은 잘못이 아니다.”

## 2-8

자하(子夏)가 효에 대해 여쭙자 공자께서 말씀하셨다. “부모를 봉양함에 있어 무엇보다 자식이 그 얼굴빛을 온화하게 하는 것이 어렵도다. 일이 있으면 젊은이가 그 노고를 맡아서 하고 술과 음식이 있으면 어른이 먼저 맛보게 하는 것, 설마 그런 것을 효라고 하겠느냐?"

子夏問孝한대 子曰: "色難[1]이니 有事어든 弟子服其勞[2]하고 有酒食[3]어든 先生饌[4]을 曾是以爲孝乎[5]아?"

【독음】 자하문효. 자왈: "색난. 유사, 제자복기로; 유주사, 선생찬, 증시이위효호?"

【요지】 부모를 봉양할 때는 자식이 그 얼굴빛을 온화하게 하는 것이 대단히 어렵고 또 중요함.

### 주석

1) 色難(색난) : 자식이 부모를 받들어 모실 때 그 얼굴빛을 온화하게 하기가 어렵다는 말.
2) 弟子(제자) : 젊은이. *1-6 주석 1 참조. 服(복) : 맡아 힘씀.
3) 食(사) : 여기서는 명사로, 먹을거리를 뜻함. 현재는 주식(主食), 부식(副食) 등과 같이 '식'으로도 읽음.
4) 先生(선생) : 어른. 饌(찬) : 먹고 마심.
5) 曾(증) : 곧, 바로. 여기서는 설마, 의외로의 뜻을 내포함. 是(시) : 그것, 곧 상술한 두 가지 일을 가리킴.

### 주자의 한 마디

○ 정자께서 말씀하셨다. "공자께서 맹의자에게 말씀하신 것

(*2-5 참조)은 뭇사람에게 말씀하신 것이요, 맹무백에게 말씀하신 것(*2-6 참조)은 그 사람이 우려할 만한 일이 많았기 때문이요, 자유는 부모를 부양하기는 잘하지만 혹시 공경하기를 잘못할까 해서요, 자하는 강직하고 정의롭지만 혹시 온화한 기색이 적을까 해서인바 각기 그 재질의 높고 낮음과 단점들에 따라 일러주셨기 때문에 그 말씀이 같지 않은 것이다."

## 2-9

공자께서 말씀하셨다. "내가 안회(顔回)와 함께 온종일 이야기를 했는데, 묵묵히 내 말을 한 마디도 거스르지 않아 마치 어리석은 사람 같았다. 그러나 이야기를 마치고 나와 그의 사생활을 살펴보니 또한 충분히 내 가르침을 스스로 깨달아 실행하였나니 안회는 결코 어리석지 않도다."

子曰: "吾與回[1]로 言終日에 不違[2]하야 如愚러니 退而省其私[3]한대 亦足以發[4]하나니 回也不愚로다."

【독음】 자왈: "오여회언종일, 불위여우. 퇴이성기사, 역족이발, 회야불우."

【요지】 스승의 가르침을 묵묵히 이해하고 깨달아 일상(日常)에서 충분히 밝혀 실행하는 안회의 구학(求學) 태도와 품덕(品德)을 칭송함.

**주석**

1) 回(회) : 공자가 가장 아끼던 제자 안회. 자는 자연(子淵), 『논어』에서는 흔히 안연(顔淵)으로 일컬음. 노나라 사람으로, 공자보다 30살(일설에는 40살)이 적었다고 함. 가정 형편이 몹시 빈한하였으나 평생 벼슬하지 않고 안빈낙도하였으며 총명하고 호학(好學)하여 문일지십(聞一知十, 하나를 들으면 열을 앎)하였다고 함. 훌륭한 품행으로 이름이 났으며 공자가 여러 차례 그의 현덕(賢德)을 칭찬하였는데, 애석하게도 단명하여 일찍 죽으매 공자가 한없이 비통해 함. 후세에는 그를 '복성(復聖)'으로 존숭함.

2) 不違(불위) : 어기지 않음, 거스르지 않음. 곧 묵묵히 듣기만 할 뿐 질의를 하거나 반론을 제기하지 않음을 이름.

3) 退而省(퇴이성) : '퇴'의 주체는 안회로, '성'의 주체는 공자로 보는 것이 일반적임. 하지만 남송(南宋)의 이학가(理學家) 장경부(張敬夫)는 '선생님께서 물러나와 그의 일상생활 속의 언행을 살펴보시니(夫子退而省其私)'라고 풀이하여 양자의 주체를 모두 공자로 보았는데(주자 『논어혹문論語或問』에 보임), 문맥이나 문법에 비춰볼 때 오히려 장경부의 견해가 타당함. 여기서 '퇴'는 담론 내지 강론(講論)을 마치고 나온다는 뜻. 其私(기사) : 스승과의 담론 시간 이후 안회의 일상생활 속의 언행을 가리킴.

4) 發(발) : 발명(發明)함. 공자의 가르침을 스스로 깨달아서 밝힘, 곧 실행함을 이르는 말.

**주자의 한 마디**

○ 스승님께서 말씀하시는 것을 들었다. "안자(顔子)는 품성이

심후하고 순수하여 성인(聖人)을 지향하는 바탕과 자질이 이미 갖추어져 있었다. 그러므로 선생님의 말씀을 들으며 묵묵히 이해되고 마음으로 깨달아 생각이 닿는 곳마다 환히 통하고 스스로 조리가 있었던 것이다."

## 2-10

공자께서 말씀하셨다. "그 의도를 보고 방법을 관찰하며 편안히 여기는 바를 고찰한다면 그 사람이 어떻게 자신의 사람됨을 숨길 수 있겠느냐? 그 사람이 어떻게 자신의 사람됨을 숨길 수 있겠느냐?"

子曰: "視其所以[1]하며 觀其所由[2]하며 察其所安[3]이면 人焉廋哉[4]리오? 人焉廋哉리오?"

【독음】 자왈: "시기소이, 관기소유, 찰기소안. 인언수재? 인언수재?"

【요지】 다른 사람의 사람됨을 평가하는 방법을 설명함.

### 주석

1) 視(시) : 일반적으로 본다는 뜻. 以(이) : 용(用)의 뜻. 곧 용의(用意)·의도·의향.

2) 觀(관) : '시(視)'보다 자세히 본다는 뜻. 由(유) : 경유함. 곧 행위의 수단과 방법을 이름.

3) 察(찰) : '관(觀)'보다 자세히 살펴본다는 뜻. 安(안) : 마음 깊이 편안하고 즐겁게 여김을 이름.
4) 焉(언) : 어찌, 어떻게. 일설에는 어디. 廋(수) : 숨김, 감춤.

**주자의 한 마디**

○ 그 수단과 방법이 비록 선(善)하더라도 마음이 편안하고 즐거운 바가 이에 있지 않다면 그 또한 위선(僞善)일 따름이니, 어찌 오래도록 변하지 않을 수 있겠는가?

## 2-11

공자께서 말씀하셨다. "배운 것을 거듭 익혀서 새로운 것을 알면 다른 사람의 스승이 될 수 있느니라."

子曰: "溫故而知新[1]이면 可以爲師矣니라."

【독음】 자왈: "온고이지신, 가이위사의."
【요지】 '온고지신'이 스승이 될 수 있는 중요한 조건임을 강조함.

**주석**

1) 溫故而知新(온고이지신) : 이미 배운 것을 수시로 익혀서 새로운 것을 터득함. '온'은 온습(溫習), 복습. '고'는 이미 배운 지식이나 이치. '지'는 알거나 터득함. '신'은 새로운 이치나 지식.

**주자의 한 마디**

○ 배움에 있어 이미 듣고 안 것을 수시로 익히며 매양 능히 새로이 터득하는 바가 있다면 곧 배운 것이 나에게 끝없이 응용이 되는 것이다. 그러므로 다른 사람의 스승이 될 수가 있다. 하지만 암기나 하고 묻기나 하는 배움이라면 내심에 터득되는 바가 없어 앎에 한계가 있다. 그러므로 『예기(禮記)』「학기편(學記篇)」에서도 "단지 암기나 하고 묻기나 하는 배움으로는 다른 사람의 스승이 될 수가 없다."고 비판하였다.

## 2-12

공자께서 말씀하셨다. "군자는 그릇처럼 특정한 기능과 역할에 국한되지 않느니라."

子曰: "君子[1]는 不器[2]니라."

【독음】 자왈: "군자불기."
【요지】 군자의 재덕(才德)과 학문은 편협하지 않고 다방면적임.

**주석**

1) 君子(군자) : 재능과 덕행이 출중한 인격자(人格者).
2) 器(기) : 기물(器物), 그릇. 일반적으로 기물이란 각기 그 특정한 용도에만 적합하여 피차간에 통용이 어렵기 때문에 공자는 여기서 이로써 한 가지 재능이나 기예(技藝)만을 갖

춘 사람을 비유함.

**주자의 한 마디**

○ 덕성을 이룬 선비는 그 본체에 갖추어지지 않은 바가 없기 때문에 그 작용에 있어 두루 발휘되지 않음이 없나니 비단 한 가지 재능이나 한 가지 기예뿐만이 아니다.

## 2-13

자공이 군자에 대해 여쭙자 공자께서 말씀하셨다. "군자는 자신이 말하려는 것을 먼저 행하고, 그 다음에 비로소 그것을 말하느니라."

子貢이 問君子한대 子曰: "先行其言[1]이요 而後從之[2]니라."

【독음】 자공문군자. 자왈: "선행기언, 이후종지."

【요지】 군자는 말보다는 행동을 우선시함으로써 언행의 일치를 추구함.

**주석**

1) 其言(기언) : 자신이 하려고 하는 말을 가리킴.
2) 從之(종지) : 애초에 하려고 한 말을 비로소 한다는 뜻. '종'은 따름, 딸림. '지'는 앞의 '기언(其言)'을 가리킴.

### 주자의 한 마디

○ 범씨(范氏)가 말하였다. "자공의 걱정은 말하기 어려운 것이 아니라 행하기 어려운 것이었다. 그러므로 공자께서 이같이 말씀하신 것이다."

## 2-14

공자께서 말씀하셨다. "군자는 두루 융화하나 사사로이 결탁하지 않고, 소인은 사사로이 결탁하나 두루 융화하지 않느니라."

**子曰: "君子는 周而不比[1]하고 小人[2]은 比而不周니라."**

【독음】 자왈: "군자주이불비, 소인비이부주."
【요지】 군자와 소인의 처세 태도의 차이를 설명함.

### 주석

1) 周(주) : 두루 융화하며 정의와 공익을 추구함을 이름. 比(비) : 사사로이 결탁하여 사리와 사욕을 꾀함을 이름.
2) 小人(소인) : 『논어』에서 흔히 군자와 대비되는 인물 형상으로, 신분 지위나 도덕 수양이 낮은 사람을 일컬음. 여기서는 후자. *1-1 주석 6 참조.

### 주자의 한 마디

○ 군자와 소인이 각기 행하는 바가 상이함은 마치 음양・주야(晝夜)와 같아서 매양 상반된다. 그러나 그 구분의 근거를 탐구해보면 공(公)과 사(私)의 사이에 아주 미세한 차이가 있을 뿐이다.

## 2-15

공자께서 말씀하셨다. "배우기만 하고 생각하지 않으면 쉬이 배운 지식에 얽매이고, 생각만 하고 배우지 않으면 옳고 그름을 가리지 못해 위태로우니라."

**子曰: "學而不思則罔[1]하고 思而不學則殆[2]니라."**

【독음】 자왈: "학이불사즉망, 사이불학즉태."
【요지】 배우는 사람은 반드시 학습과 사색을 함께 하여야 함.

### 주석

1) 思(사) : 생각함, 사색함. 罔(망) : 망(網)과 같음, 곧 그물. 여기서는 구속됨・얽매임. 일설에는 얻는 바가 없음, 또는 기만함.
2) 殆(태) : 위태로움.

### 주자의 한 마디

○ 정자께서 말씀하셨다. "폭넓게 배우고[博學] 자세히 물으며

[審問] 깊이 생각하고[愼思] 명확히 변별하며[明辨] 돈독히 실행함[篤行] 이 다섯 가지 가운데 한 가지만 빠져도 진정한 배움이 아니다."

## 2-16

공자께서 말씀하셨다. "사람이 사물의 양극단에 오로지 힘을 쏟으면 해롭고 위험하도다."

子曰: "攻乎異端[1]이면 斯害也已[2]니라."

【독음】 자왈: "공호이단, 사해야이."
【요지】 사람은 매사에 극단으로 치우치지 말고 중용(中庸)과 중도(中道)를 추구해야 함.

### 주석

1) 攻(공) : 전공(專攻)함. 여기서는 '~에 오로지 힘을 쏟음'. 곧 집착함, 고집함. 乎(호) : 어(於)와 같음. 異端(이단) : 전통적으로 이단·사설(邪說)의 뜻으로 이해하였으나 공자 당시에는 유가와 도가의 양대(兩大) 학설이 결코 서로 이단·적대시하지 않았을 뿐만 아니라 제자백가의 학설이 아직 흥성하지 않았으므로 그같이 보기 어려움. 때문에 여기서는 대체로 사물의 상이한 양극단을 이름. 이른바 중용 내지 중도란 양단(兩端)을 아울러 최적의 이상(理想) 상태나 경지에 이른 것이라 할 것임.

2) 斯(사) : 이것, 그것. 여기서는 또 그것은 곧. 也已(야이) : 어기조사. 긍정과 단정을 나타냄.

**주자의 한 마디**

○범씨가 말하였다. "양주(楊朱)와 묵적(墨翟)은 ……세상 사람들을 이끌어 '무부(無父)'·'무군(無君)'의 지경에 이르게 하였으니 만약 그것을 전공해 정통하고자 한다면 그 폐해가 심각할 것이다."

## 2-17

공자께서 말씀하셨다. "유(由)야! 너에게 아는 것이 무엇인지 가르쳐 주겠노라! 아는 것을 안다고 하고 모르는 것을 모른다고 하는 것, 그것이 아는 것이니라."

子曰: "由[1]아! 誨女知之乎[2]인저! 知之爲知之요 不知爲不知가 是知也니라."

【독음】 자왈: "유! 회여지지호! 지지위지지, 부지위부지, 시지야."
【요지】 알고 모르는 것에 솔직하고 겸허할 때 비로소 진정 아는 길로 나아갈 수 있음.

**주석**

1) 由(유) : 공자의 제자 중유(仲由). 자(字)는 자로(子路), 또 계

로(季路)라고도 함. 노나라 변읍(卞邑, 지금의 산동성 사수현 泗水縣 동쪽) 사람으로, 공자보다 9살이 적었다고 함.

2) 誨(회) : 가르침. 女(여) : 여(汝)와 같음. 너, 그대.

**주자의 한 마디**

○ 자로는 용맹하기를 좋아하였으니 아마도 알지 못하는 것을 억지로 안다고 하는 경우가 있었을 것이다. 그래서 선생님께서 그에게 "내가 너에게 앎의 이치를 가르쳐 주겠노라. 아는 것만 안다고 하고, 모르는 것은 모른다고 하여라."고 하신 것이다. 그렇게 하면 비록 혹 다 알지는 못하더라도 자신을 속이는 폐단은 없을 것이요, 또한 그 앎에도 해가 되지 않을 것이다. 하물며 이로부터 알기를 추구한다면 또 알 수 있는 이치를 깨닫게 됨은 더 말할 나위가 있겠는가?

## 2-18

자장(子張)이 벼슬을 구하는 방도를 배우려고 하자 공자께서 말씀하셨다. "많이 듣되 의문스러운 것은 그대로 두고 그 나머지를 신중하게 말하면 과오를 줄일 수 있다. 또 많이 보되 불안한 것은 그대로 두고 그 나머지를 조심스럽게 행하면 회한(悔恨)을 줄일 수 있다. 그렇게 하여 말에 과오가 적고, 행동에 회한이 적으면 벼슬과 봉록은 바로 그 가운데에 있을 것이니라."

子張[1]이 學干祿[2]한대 子曰: "多聞闕疑[3]요 愼言其餘則寡尤며 多見闕殆[4]요 愼行其餘則寡悔니 言寡尤며 行寡悔면 祿在其中矣니라."

【독음】 자장학간록. 자왈: "다문궐의, 신언기여, 즉과우; 다견궐태, 신행기여, 즉과회. 언과우, 행과회, 록재기중의."

【요지】 견문을 넓히고 언행을 삼가는 등 위인(爲人)의 근본에 힘쓰는 것이 곧 벼슬을 구하는 방도임.

**주석**

1) 子張(자장) : 공자의 제자 전손사(顓孫師). '전손'은 복성(複姓), '자장'은 그의 자. 진(陳)나라 사람으로 공자보다 48살이 적었다고 함.

2) 學(학) : 『사기(史記)』「중니제자열전(仲尼弟子列傳)」에는 '문(問)'으로 되어 있는데, 아마 그것이 원래의 면모일 수 있음. 干祿(간록) : 벼슬을 구(求)함. '간'은 구함, '록'은 녹위(祿位)·봉록(俸祿).

3) 闕(궐) : 결(缺)과 같음. 곧 할 것을 하지 않음. 여기서는 내버려 둠, 보류함.

4) 殆(태) : 위태로워서 불안함을 이름.

**주자의 한 마디**

○정자께서 말씀하셨다. "천작(天爵, 고상한 도덕적 품격)을 닦으면 인작(人爵)이 이르는 것이니, 군자가 능히 언행을 삼감은 봉록을 얻는 방도이다."

## 2-19

애공(哀公)께서 물으셨다. "어떻게 하면 백성들이 기꺼이 따릅니까?" 공자께서 대답하셨다. "정직한 사람을 등용해 부정직한 사람 위에 두면 백성들이 기꺼이 따를 것이고, 부정직한 사람을 등용해 정직한 사람 위에 두면 백성들은 따르지 않을 것입니다."

哀公[1]이 問曰: "何爲則民服[2]이니잇고?" 孔子對曰[3]: "擧直錯諸枉[4]이면 則民服하고 擧枉錯諸直이면 則民不服이니이다."

【독음】 애공문왈: "하위즉민복?" 공자대왈: "거직조저왕, 즉민복; 거왕조저직, 즉민불복."

【요지】 인재의 등용을 바르게 하는 것이 백성들을 기꺼운 마음으로 따르게 하는 요체임.

**주석**

1) 哀公(애공) : 춘추시대 노(魯)나라의 마지막 임금.

2) 何爲(하위) : '위하(爲何)'의 도치. 무엇을 함. 또 어떻게 함.

3) 孔子對曰(공자대왈) : 『논어』에서 공자가 임금의 물음에 대답하는 경우에는 모두 이같이 말하여 군왕에 대한 공경의 뜻을 나타냄.

4) 擧直錯諸枉(거직조저왕) : 정직한 사람을 등용해 부정직한 사람 위에 둠. '거'는 들어서 씀, 즉 등용함. '조'는 조(措)와

같은 뜻으로, 둠. '저'는 지어(之於)의 합성어. '왕'은 왕곡(枉曲)한, 즉 부정직한 사람.

**주자의 한 마디**

○ 정자께서 말씀하셨다. "인재를 등용해 자리에 배치함이 의(義)에 맞으면 사람들이 마음으로 따를 것이다."

## 2-20

계강자(季康子)가 여쭈었다. "백성들로 하여금 위정자를 공경하고 충성을 다하며 서로를 권면(勸勉)케 하려면 어떻게 해야 합니까?" 공자께서 말씀하셨다. "위정자가 백성을 대함에 엄정함을 지키면 공경할 것이요, 위정자가 부모에게 효도하고 만백성에게 자애(慈愛)를 베풀면 충성할 것이며, 현능(賢能)한 이를 등용하고 그렇지 못한 이를 가르치면 서로를 권면할 것이외다."

季康子問[1]: "使民敬忠以勸[2]하되 如之何[3]잇고?" 子曰: "臨之以莊則敬[4]하고 孝慈則忠하고 擧善而教不能則勸[5]이니라."

【독음】 계강자문: "사민경충이권, 여지하?" 자왈: "임지이장, 즉경; 효자, 즉충; 거선이교불능, 즉권."

【요지】 위정(爲政)의 요체(要諦)로 위정자의 도덕수양과 솔선수범

을 강조함.

**주석**

1) 季康子(계강자) : 노나라 대부(大夫) 계손비(季孫肥). 계환자(季桓子), 즉 계손사(季孫斯)의 서자(庶子)로 애공(哀公) 때 정경(正卿, 춘추시대 제후국의 최고 집정 대신으로, 그 지위와 권력은 일인지하 · 만인지상이었음. 상경上卿이라고도 함)으로 섭정(攝政)한 당시의 최고 권력자. '강'은 그의 시호.

2) 以(이) : 접속사. 여(與)나 이(而)와 같음. 勸(권) : 서로 권면함. 다산(茶山)은 백성이 스스로 일어나 도덕과 기예(技藝)로 나아감을 말한다고 했는데, 보다 구체적인 풀이로 참고할 만함.

3) 如之何(여지하) : 곧 '여하지(如何之)'로, 어떻게 해야 하는가의 뜻.

4) 臨(임) : 위에서 아래를 바라봄. 여기서는 위정자가 백성을 상대함을 이름. 莊(장) : 엄정함. 이는 대체로 위정의 기본 자세와 태도를 두루 이르는 것으로 이해됨.

5) 善(선) : 현능한 사람을 이름.

**주자의 한 마디**

○ 장경부(張敬夫)가 말하였다. "이는 모두 위정자 자신이 마땅히 해야 할 바요, 백성들로 하여금 위정자를 공경하고 충성을 다하며 서로 권면케 하려고 하기 위해서 하는 것이 아니다. 그러나 만약 그와 같이 할 수만 있다면 그 감응은 아마도 그러하기를 기대하지 않아도 절로 그렇게 될 것이다."

## 2-21

어떤 사람이 공자께 말했다. "당신은 왜 직접 벼슬에 올라 정치를 하지 않습니까?" 공자께서 말씀하셨다. "『상서(尙書)』에 이르기를 '효도할 것이로다! 오직 부모에게 효도하고 나아가 형제간에 우애함으로써 정치에까지 영향을 미친다.'고 하였으니, 이 또한 정치를 하는 것이거늘 어찌하여 벼슬에 올라 하는 것만 정치를 하는 것이겠소?"

或이 謂孔子曰: "子[1]는 奚不爲政[2]이시니잇고?" 子曰: "書云[3]: '孝乎인저 惟孝하며 友于兄弟하야 施於有政[4]이라.'하니 是亦爲政이러니 奚其爲爲政[5]이리오?"

【독음】 혹위공자왈: "자해불위정?" 자왈: "서운: '효호유효, 우우형제, 시어유정.' 시역위정, 해기위위정?"

【요지】 인륜 도덕을 바로 세우는 것이 위정(爲政) 치국(治國)의 근본임을 강조함.

**주석**

1) 子(자) : 제이 인칭대명사. 그대, 당신.
2) 奚(해) : 하(何)와 같음. 어찌하여, 왜.
3) 書(서) : 『상서』, 즉 『서경(書經)』. 이하(以下) 3구는 『상서』의 일문(逸文)으로, 훗날 위고문(僞古文) 『상서』 「군진편(君陳篇)」에 편입되었는데 문자상 다소 차이가 있음.
4) 施(이) : 미침, 파급됨. 有(유) : 접두(接頭) 어조사. 특별한

의미는 없음.

5) 其爲(기위) : '기'는 지시대명사로 '어떤 사람'이 말하는 '위정', 즉 직접 벼슬하며 정치에 종사함을 가리킴. '위'는 '~이다'의 뜻.

**주자의 한 마디**

○아마도 공자께서 벼슬하지 않으신 까닭을 혹자에게 말하기 어려운 것이 있었을 것이다.

## 2-22

공자께서 말씀하셨다. "사람으로서 오히려 성신함이 없다면 그가 어떻게 입신 처세(立身處世)할 수 있을지 모르겠노라. 큰 수레의 끌채 끝에 멍에걸이가 없고, 작은 수레의 끌채 끝에 멍에걸이가 없다면 그 수레를 어떻게 나아가게 할 수 있겠는가?"

子曰: "人而無信[1]이면 不知其可也로라. 大車無輗[2]며 小車無軏[3]이면 其何以行之哉리오?"

【독음】 자왈: "인이무신, 부지기가야. 대거무예, 소거무월, 기하이행지재?"

【요지】 성신 · 신실함은 한 사람의 입신처세를 가능케 하는 기본 동력이요 관건임.

**주석**

1) 而(이) : 오히려, 도리어. 곧 사람은 당연히 성신하여야 하는데 아쉽게도 그렇지 못하다는 뜻을 함축함.
2) 大車(대거) : 소가 끌며 무거운 짐을 싣는 큰 수레. 輗(예) : 큰 수레 끌채 끝의 멍에걸이. 곧 소 멍에를 끌채에 연결하는 곳으로, 수레의 움직임을 자유롭게 하는 관건임.
3) 小車(소거) : 말이 끌며 사람이 타는 작은 수레. 軏(월) : 작은 수레 끌채 끝의 멍에걸이. 큰 수레의 '예'와 같은 것임.

**주자의 한 마디**

○수레에 (큰 수레 끌채 끝 멍에걸이와 작은 수레 끌채 끝 멍에걸이) 이 두 가지가 없으면 앞으로 나아갈 수가 없거니 사람으로서 성신함이 없다면 또한 이와 같다.

## 2-23

자장(子張)이 여쭈었다. "향후(向後) 십대(十代) 왕조의 예법 제도를 미리 알 수 있습니까?" 공자께서 말씀하셨다. "은나라는 하나라의 예법 제도를 그대로 따랐으니 그 가운데 폐지되고 확충된 바를 알 수 있고, 주나라는 은나라의 예법 제도를 그대로 따랐으니 그 역시 폐지되고 확충된 바를 알 수 있다. 그러니 장차 혹 주나라를 계승하는 왕조라면 설령 향후 백대(百代)라도 충분히 그 예법 제도를 알 수 있을 것이니라."

子張이 問: "十世[1]를 可知也[2]잇가?" 子曰: "殷因於夏禮[3]하니 所損益[4]을 可知也며 周因於殷禮[5]하니 所損益을 可知也니 其或繼周者면 雖百世라도 可知也니라."

【독음】 자장문: "십세가지야?" 자왈: "은인어하례, 소손익, 가지야; 주인어은례, 소손익, 가지야. 기혹계주자, 수백세, 가지야."

【요지】 역대 예법 제도의 연혁을 통해 후대(後代) 변천의 맥락을 예지(豫知)할 수 있음.

**주석**

1) 十世(십세) : 금후(今後)의 10대(代) 왕조. 여기서는 특히 그 예법 제도를 두고 이름.

2) 也(야) : 의문의 어조사. 야(耶)와 같음.

3) 殷(은) : 중국 상고(上古)시대의 왕조. 因(인) : 인습(因襲)함, 계승함. 夏(하) : 중국 역사상 최초의 왕조. 우(禹)가 순(舜) 임금으로부터 제위를 물려받아 세운 왕조로, 폭군 걸왕(桀王) 때 상(商) 탕왕(湯王)에게 망함. 禮(예) : 고대의 '예'는 일체의 전장(典章)・제도(制度)・정령(政令)・의식(儀式)・사회 풍속 등을 통칭함.

4) 損益(손익) : 여기서는 (제도 등을) 폐지하거나 확충함을 가리킴.

5) 周(주) : 기원전 11C에 무왕(武王)이 은(殷)나라 폭군 주왕(紂王)을 멸한 후 호경(鎬京, 지금의 섬서성 장안현長安縣 서쪽)에 도읍하여 세운 왕조. 평왕(平王) 때 낙읍(洛邑, 지금의 하남성 낙양洛陽)으로 천도한 이전을 서주(西周), 이후를 동주

(東周)라고 함. 동주는 다시 춘추 · 전국시대로 나뉘는데, 공자는 춘추시대 노(魯)나라 사람임. 주나라는 기원전 256년 진(秦)나라에게 망함.

**주자의 한 마디**

○ 호씨가 말하였다. "자장의 물음은 미래를 알고자 하였는데 성인은 지나간 것을 말씀하시어 그것을 밝히셨다. 무릇 수신(修身)으로부터 천하를 다스리는 일에 이르기까지 하루라도 예(禮)가 없을 수 없나니 천서(天敍, 천체의 차례)와 천질(天秩, 천지 만물의 질서)은 사람이 함께 본받고 따르는 바이니, 곧 예의 근본이다."

## 2-24

공자께서 말씀하셨다. "제사를 지내야 할 귀신도 아닌데 제사 지내는 것은 아첨하는 것이요, 해야 할 바를 보고도 하지 않는 것은 용기가 없는 것이니라."

子曰: "非其鬼而祭之[1]는 諂也[2]요 見義不爲[3]는 無勇也니라."

【독음】 자왈: "비기귀이제지, 첨야. 견의불위, 무용야."

【요지】 사람은 아첨하여 하지 않아야 할 바를 하거나 비겁하여 해야 할 바를 하지 않아서는 아니 됨을 강조함.

**주석**

1) 其鬼(기귀) : 마땅히 제사를 지내 받들어야 할 귀신을 가리킴. 옛날 천자는 천지에, 제후는 산천에, 대부는 오사(五祀)에, 서인(庶人)은 그 조상에게 제사지냈으며, 또 윗사람은 아랫사람의 제사를 겸할 수 있어도 아랫사람은 윗사람의 제사를 겸할 수 없었음.

2) 諂(첨) : 아첨함, 아부함.

3) 義(의) : 사람으로서 마땅히 해야 할 바.

**주자의 한 마디**

○아첨하는 것은 잘 보이기를 구하는 것이요, 정의(正義)임을 알면서도 하지 않는 것은 용기가 없는 것이다.

# 제3편 팔일(八佾)

「팔일편」은 모두 26장으로 이루어져 있으며, 대체로 예악(禮樂)의 본질과 효용 · 가치를 논하는가 하면, 당시의 심각한 참례(僭禮, 분수를 넘는 무례한 행위)를 견책 · 개탄함과 동시에 고례(古禮)에 대한 수호와 동경의 뜻을 표현하였다.

## 3-1

공자께서 계씨(季氏)에 대해 말씀하셨다. "그는 팔일(八佾) 예순 네 명의 무용단으로 뜰에서 춤추게 하였나니 그런 일을 감히 할 수 있다면 무슨 일을 차마 하지 못하겠느냐?"

孔子謂季氏[1]하시되 "八佾[2]로 舞於庭[3]하니 是可忍也[4]면 孰不可忍也[5]리오?"

【독음】 공자위계씨, "팔일무어정, 시가인야, 숙불가인야?"
【요지】 노나라 대부 계손씨의 참례(僭禮)를 강하게 견책함.

**주석**

1) 謂(위) : 말함. 여기서는 평(評)한다는 뜻을 내포함. 季氏(계씨) : 노나라 대부 계손씨(季孫氏).
2) 八佾(팔일) : 고대 예악(禮樂)의 무도(舞蹈) 행렬을 일컫는 말. 8인(人) 1행(行)을 1'일'이라 하였으니, '팔일'은 곧 64인으로 구성된 무용단인바 주대(周代)의 예법에 따르면 이는 천자의 예악임. 제후는 육일(六佾) 48인, 대부는 사일(四佾) 32인의 무용단을 씀. 계손씨는 대부로서 '사일'을 써야 함에도 불구하고 '팔일'을 썼으니 참례를 범한 것임.
3) 庭(정) : 옛날 궁실(宮室)이나 종묘(宗廟) 정당(正堂)의 앞마당. 여기서는 계손씨 가묘(家廟)의 앞마당을 가리킴.
4) 是(시) : 차(此)와 같은 뜻. 곧 계손씨의 참례 행위를 가리킴. 忍(인) : 차마 ~함, 감히 ~함. 곧 계손씨를 질책하는 뜻을

내포함.

5) 孰(숙) : 무엇.

**주자의 한 마디**

○ 범씨가 말하였다. "공자께서 정치를 하셨다면 먼저 예악을 바로잡으셨을 것이니 계씨의 죄는 죽임을 당해도 용서받지 못할 것이다."

## 3-2

노(魯)나라 삼가(三家)가 조상에게 제사를 지낼 때 『시경(詩經)』의 「옹편(雍篇)」을 노래하며 철상(撤床)하거니, 공자께서 말씀하셨다. "'제사를 돕는 건 제후들이요 / 주제(主祭)하는 천자께선 엄숙도 하여라'의 뜻을 어떻게 삼가의 사당에서 취해 쓴단 말인가?"

**三家者以雍徹[1]이러니 子曰: "'相維辟公[2]이어늘 天子穆穆[3]이로다'를 奚取於三家之堂[4]고?"**

【독음】 삼가자이옹철. 자왈: "'상유벽공, 천자목목.' 해취어삼가지당?"

【요지】 노나라 삼가의 참례를 견책함.

**주석**

1) 三家(삼가) : 춘추 중엽 이후 노나라의 실권을 장악하고 전횡을 일삼은 삼경(三卿)을 일컫는 말로, 중손(仲孫)·숙손(叔孫)·계손(季孫) 등 대부(大夫) '삼가'를 가리킴. 중손씨(仲孫氏)는 나중에 그 성(姓)을 맹손(孟孫)으로 바꿈. 이들은 모두 노환공(魯桓公)의 후손이었으므로 흔히 '삼환(三桓)'으로 통칭되기도 함. 者(자) : 어조사. 문장 첫머리 명사 뒤에 쓰여 휴지(休止)를 나타냄과 동시에 아래 말을 이끌어 서술문을 이룸. 雍(옹) : 『시경』「주송(周頌)」의 편명(篇名)으로, '옹(雝)'으로도 씀. 천자가 종묘에 제사 지낸 후 철상할 때 부르던 시편(詩篇) 악가(樂歌)로, 아래의 "상유(相維)"2구는 곧 그 시구(詩句)임. 徹(철) : 철(撤)과 같음. 여기서는 제사상을 거둔다는 뜻.
2) 相(상) : 도움. 여기서는 제사를 도움. 또 그 사람. 維(유) : 의미 없는 어조사. 일설에는 '~이다'의 뜻. 辟公(벽공) : 천자가 종묘사직에 제사 지낼 때 달려와 제사를 돕는 제후들을 통칭함.
3) 穆穆(목목) : 경건하고 엄숙한 모양. 제사를 주관하는 천자의 용모를 형용함.
4) 奚(해) : 하(何)와 같음. 取(취) : 그 뜻을 취함. 堂(당) : 사당(祠堂).

**주자의 한 마디**

○ 이는 삼가가 무지하고 망령되어 참절(僭竊, 분수에 넘치는 높은 지위에 자리함)의 죄를 지은 것을 비판한 것이다.

## 3-3

공자께서 말씀하셨다. "사람으로서 오히려 인(仁)하지 않다면 예(禮)를 어떻게 하며, 사람으로서 오히려 인하지 않다면 악(樂)을 어떻게 하랴?"

**子曰: "人而不仁[1]이면 如禮何며 人而不仁이면 如樂何[2]리오?"**

【독음】 자왈: "인이불인, 여례하? 인이불인, 여악하?"
【요지】 예악의 본질은 인덕(仁德)의 구현에 있음.

### 주석

1) 而(이) : 「위정편(爲政篇)」 '인이무신(人而無信)'(2-22)의 '이'와 같음.
2) 如禮何(여례하) · 如樂何(여악하) : 예 · 악을 어떻게 하겠는가? 곧 예 · 악을 제대로 행할 수 없다는 뜻. '여~하'는 '~을 어떻게 하랴?'는 뜻의 상용구.

### 주자의 한 마디

○ 정자께서 말씀하셨다. "인이란 천하 만물의 바른 이치이니, 바른 이치를 잃으면 질서가 없어져 조화를 이루지 못한다."

## 3-4

임방(林放)이 예(禮)의 본질이 무엇인지를 여쭙자 공자께서 말씀하셨다. "참으로 좋은 질문이로다! 예란 사치하기보다는 차라리 검소한 것이 낫나니 특히 상례(喪禮)에 있어서는 예법에 치중하기보다는 차라리 슬픔을 다하는 것이 낫느니라."

**林放**[1]이 **問禮之本**[2]한대 **子曰**: "**大哉**[3]라 **問**이여! **禮**는 **與其奢也**론 **寧儉**[4]이요 **喪**은 **與其易也**[5]론 **寧戚**[6]이니라."

【독음】 임방문례지본. 자왈: "대재문! 례, 여기사야, 녕검; 상, 여기이야, 녕척."

【요지】 예의 근본은 허문(虛文)을 지양하고 실질적인 의미와 정신을 숭상하는 것임.

**주석**

1) 임방(林放) : 노나라 사람. 일설에는 공자의 제자라고 하나 확실치 않음.
2) 本(본) : 본질, 본원(本源), 근본.
3) 大哉(대재) : (그 질문의 의의가) 참으로 크도다!
4) 與其~寧~(여기~녕~) : 비교·선택의 접속사. '~하기보다는 차라리 ~하는 게 낫다'는 뜻을 나타냄.
5) 易(이) : 주자의 풀이에 따르면 '다스린다(治)'는 뜻으로, (상사喪事에 슬픔을 다하기보다는) 예절에 어긋남이 없도록 신

경을 써서 처사함을 이름.

6) 戚(척) : 슬퍼함.

**주자의 한 마디**

○ 예는 적중(適中, 지나치거나 모자람이 없이 꼭 알맞음)함을 귀중히 여긴다.

○ 범씨가 말하였다. "검소함은 사물의 본질이요, 슬퍼함은 마음의 정성이니 곧 예의 근본이 되는 것이다."

## 3-5

공자께서 말씀하셨다. "변방의 여러 나라에도 오히려 군왕(君王)이 있나니 중원(中原)의 여러 나라에 군왕이 없는 것과는 다르도다!"

子曰: "夷狄之有君[1]이니 不如諸夏之亡也[2]로다."

【독음】 자왈: "이적지유군, 불여제하지무야."

【요지】 예악이 붕괴되고 국기(國紀)가 흔들리는 당시(當時) 중원의 난세 상황을 개탄함.

**주석**

1) 夷狄(이적) : 고대 중국의 주변 이민족에 대한 통칭. 동이(東夷)·남만(南蠻)·서융(西戎)·북적(北狄)의 일컬음이 있음. 여기서는 중원 주변의 여러 나라를 두루 가리킴.

2) 不如(불여)~ : ~와 같지 않음, 즉 다름. 이 장의 주지(主旨)에 비춰 볼 때 '~만 못하다'는 일반적인 풀이는 적절치 않음. 諸夏(제하) : 고대 중원에 한족(漢族)이 세운 나라를 일컬어 '하(夏)' 또는 '화하(華夏)'라고 하였는데, 여기서 '제하'는 중원의 여러 한족 나라를 두루 가리킴. 亡(무) : 음과 뜻이 모두 무(無)와 같음. 그 아래에 써야 할 목적어 '군(君)'은 위에서 이미 언급되었기 때문에 생략한 형태임.

**주자의 한 마디**

○ 정자께서 말씀하셨다. "변방 여러 나라에도 군왕이 있는 것은 중원 여러 나라가 참란(僭亂, 분수에 넘치고 절도가 없음)하여 오히려 상하의 구분이 없는 것과는 다르다."

○ 윤씨가 말하였다. "이는 공자께서 당시의 혼란상을 가슴 아파하여 깊이 탄식한 것인바 '군왕이 없다'는 것은 실제로 군왕이 없다는 것이 아니라 비록 군왕은 있지만 그 도리를 다하지 못함을 말할 따름이다."

## 3-6

계씨(季氏)가 태산에 제사를 지내려고 하자 공자께서 염유(冉有)에게 말씀하셨다. "네가 막을 수 없겠느냐?" 염유가 대답하였다. "저로서는 막을 수가 없습니다." 공자께서 말씀하셨다. "오호라, 슬프도다! 하지만 설마 태산의 신(神)이 임방(林放)만 못하겠느냐?"

季氏旅於泰山[1]이러니 子謂冉有曰[2]: "女弗能救與[3]아?" 對曰: "不能이로소이다." 子曰: "嗚呼라! 曾謂泰山[4]이 不如林放乎[5]아?"

【독음】 계씨려어태산. 자위염유왈: "여불능구여?" 대왈: "불능." 자왈: "오호! 증위태산불여임방호?"

【요지】 태산에 제사 지내려는 계손씨(季孫氏)의 참례(僭禮) 행위를 우려하고 견책함.

**주석**

1) 季氏(계씨) : 계강자(季康子)로 추정됨. 旅(여) : 옛날 산천에 지내는 제사를 일컫던 말. 여기서는 동사로 쓰임. 고례(古禮)에 따르면 오직 천자만이 천하의 명산대천(名山大川)에 제사를 지내고, 제후는 단지 자신의 경내(境內) 명산대천에만 제사 지낼 수 있었는데, 계씨가 주(周)나라의 제후국인 노나라의 대부에 지나지 않으면서 태산에 제사를 지내고자 한 것은 엄연한 참례 행위임. 泰山(태산) : 중국 오악(五嶽)의 하나로, 곧 동악(東嶽). 당시 노나라의 북부, 지금의 산동성 태안현(泰安縣)에 있음. 고대의 제왕들은 흔히 태산에 올라 천지(天地)에 제사 지내는 '봉선(封禪)'을 국가적인 대전(大典)으로 거행하였음.

2) 冉有(염유) : 공자의 제자 염구(冉求). 자(字)는 자유(子有). 『논어』에서는 왕왕 '염유'로 일컬음. 노나라 사람으로, 당시 계씨의 가신(家臣)으로 있었음.

3) 女(여) : 여(汝)와 같음. 너, 그대. 弗(불) : 불(不)과 같음. 救(구) : 간(諫)하여 막음. 여기서는 곧 참절(僭竊)의 죄악에

빠지는 것을 구원함을 이름. 與(여) : 여(歟)와 같음. 의문의 어조사.

4) 曾(증) : 내(乃)와 통함. 뜻밖에, 설마.

**주자의 한 마디**

○ 이는 대개 신은 예(禮)가 아닌 제사는 흠향하지 않음을 말해 계씨로 하여금 그 무익함을 알고 스스로 그만두게 하고, 또 (예의 본원을 물은, *3-4 참조) 임방을 높여 염유를 면려(勉勵)하고자 한 것이다.

## 3-7

공자께서 말씀하셨다. "군자는 다른 사람과 다투는 일이 없지만 혹시 있다면 그것은 필시 활쏘기를 겨룰 때일 것이다! 다만 서로 읍하며 겸양한 후 당(堂)에 오르고, 다시 당에서 내려와 이긴 사람이 진 사람에게 읍하며 겸양한 후 벌주를 마시게 하거니 그 다툼 또한 군자답도다."

子曰: "君子는 無所爭이나 必也射乎[1]인저! 揖讓而升[2]하고 下而飮[3]하나니 其爭也君子[4]니라."

【독음】 자왈: "군자무소쟁, 필야사호! 읍양이승, 하이음, 기쟁야군자."

【요지】 사람이 서로 다투어야 한다면 사례(射禮)에서와 같이 예양

(禮讓)을 바탕으로 한 군자의 풍모를 지킬 것을 권면함.

### 주석

1) 也(야) : 휴지(休止)의 어조사. 射(사) : 사례, 즉 활쏘기 시합의 예식(禮式).
2) 揖讓而升(읍양이승) : 사례에서 두 사람이 한 조(組)를 이루어 먼저 당(堂) 아래에서 서로 읍하며 겸양한 후 당에 올라 활쏘기를 겨룸을 이름.
3) 下而飮(하이음) : 사례에서 활쏘기를 마치면 서로 읍하며 겸양한 후 당에서 내려와 이긴 사람이 다시 읍하며 겸양한 후 진 사람에게 벌주를 마시게 함을 이름. '음'은 남에게 술을 마시게 한다는 뜻.
4) 也(야) : 휴지의 어조사.

### 주자의 한 마디

○ 군자는 공손하여 남과 다투지 않지만 활을 쏜 이후에만은 다툼이 있다. 그러나 그 다툼에 있어 이렇듯 온화하고 조용하며 읍하고 겸손하나니 이러한 다툼은 곧 군자다운 것이며 소인의 다툼과는 다르다는 것이다.

## 3-8

자하가 여쭈었다. "『시경』에 '예쁜 미소에 보조개도 귀엽고 / 고운 눈매에 눈동자도 맑나니 / 아름다운 바탕에 곱게 화장을 하였네'라고 하였는데, 이게 무슨 말입니까?" 공자께서 말씀하셨다. "그림을 그리는 일은 먼저 흰 바탕을 마련한 연후에 한다는 말이니라." 자하가 말했다. "그렇다면 예(禮)가 나중입니까?" 공자께서 말씀하셨다. "나를 일깨우는 사람은 바로 상(商)이로구나! 이제 비로소 너와 『시경』을 논할 수가 있겠도다."

**子夏問曰: "'巧笑倩兮[1]며 美目盼兮[2]여 素以爲絢兮[3]라' 하니 何謂也잇고?" 子曰: "繪事後素[4]니라." 曰: "禮後乎[5]인저?" 子曰: "起予者[6]는 商也[7]로다! 始可與言詩已矣[8]로다."**

【독음】 자하문왈: "'교소천혜, 미목반혜, 소이위현혜.' 하위야?" 자왈: "회사후소." 왈: "례후호?" 자왈: "기여자상야! 시가여언시이의."

【요지】 예의 본질을 간파한 자하의 『시경』 감상 수준을 매우 높게 평가함.

**주석**

1) 巧(교) : 예쁨, 아름다움. 倩(천) : 웃을 때 볼우물(보조개)이 귀엽고 예쁜 모양. 兮(혜) : 어조사.

2) 盼(반) : 맑고 까만 눈동자가 선명하고 예쁜 모양.

3) 素(소) : 흼, 무지(無地, 무늬가 없음). 화장(化粧)이나 수식(修飾)의 바탕으로, 곧 예쁜 보조개와 맑은 눈동자와 같은 아름다운 용모를 비유함. 絢(현) : 무늬, 문채. 곧 채색 분(粉)으로 하는 얼굴 화장을 비유함.

4) 繪事後素(회사후소) : 주자의 풀이에 따르면 그림이란 먼저 흰 바탕을 마련한 연후에 오색을 칠하는데, 그것은 마치 사람이 아름다운 바탕이 있은 연후에 비로소 문식(文飾)을 가할 수 있는 것과 같음을 말함. '회사'는 그림 그리는 일. '후소'는 '후어소(後於素)'의 뜻. 곧 흰 바탕을 마련한 다음에.
5) 禮後(예후) : 예가 뒤임. 곧 예를 나중에 가(加)함. 여기서 예가 무엇의 뒤에 가해지는 것인지에 대해서는 아무런 언급이 없는데, 앞에서 "사람으로서 오히려 인하지 않으면 예를 어떻게 하랴?(人而不仁, 如禮何)"(3-3)라고 한 것을 비롯해 공자의 주요 관점과 견해에 비춰 볼 때 예란 먼저 인, 즉 인덕(仁德)을 닦은 연후에 더해지는 것이요, 인덕의 바탕 위에 행해져야 하는 것으로 이해됨.
6) 起(기) : 계발(啓發)함, 일깨움. 予(여) : 나[我].
7) 商(상) : 자하의 이름.
8) 詩(시) : 『시경』.

**주자의 한 마디**

○ 예는 반드시 충성과 신의를 바탕으로 한다.
○ 양씨(楊氏)가 말하였다. "충(忠)·신(信)한 사람이라야 예를 배울 수 있다."

## 3-9

공자께서 말씀하셨다. "하대(夏代)의 예법을 내가 말할 수 있으나 그 후예인 기(杞)나라에서 그것을 증명할 수 없고, 은대

(殷代)의 예법을 내가 말할 수 있으나 그 후예인 송(宋)나라에서 그것을 증명할 수 없도다. 그것은 그들의 역사 전적(典籍)과 원로(元老) 현인(賢人)이 부족하기 때문이거니 만약 전적과 현인이 충분하다면 내가 그것을 실증할 수 있으리라."

子曰: "夏禮를 吾能言之나 杞不足徵也[1]며 殷禮를 吾能言之나 宋不足徵也[2]는 文獻[3]이 不足故也니 足則吾能徵之矣리라."

【독음】 자왈: "하례, 오능언지, 기부족징야; 은례, 오능언지, 송부족징야. 문헌부족고야. 족, 즉오능징지의."

【요지】 하·은 이대(二代)의 예법 제도에 관한 문헌이나 구전(口傳) 사료(史料)가 제대로 보존되어 있지 않음을 안타깝게 여김.

**주석**

1) 杞(기) : 주(周) 무왕(武王) 때 하나라 왕실의 후예를 봉한 제후국. 지금의 하남성 기현(杞縣)에 있었으며 전국(戰國) 초에 초(楚)나라에게 망함. 徵(징) : 증명함, 실증함.

2) 宋(송) : 주 무왕 때 은나라 왕실의 후예를 봉한 제후국. 지금의 하남성 상구현(商邱縣) 남쪽에 있었으며 전국 말에 제(齊)나라에게 망함.

3) 文獻(문헌) : '문'은 전적(典籍), 즉 역사 문헌 자료. '헌'은 현인(賢人), 즉 박학다식하여 역사 전적과 옛 제도나 관례(慣例)에 통달한 사람. 이는 오늘날의 이른바 '문헌'과는 다름.

**주자의 한 마디**

○공자께서는 여러 곳에 두루 물어보시고 이(전적과 현인이 부족함)를 아신 것이다.(『논어집주대전』)

## 3-10

공자께서 말씀하셨다. "나는 체제(禘祭)를 지낼 때 술을 땅에 뿌려 강신(降神)한 이후부터는 보고 싶지가 않노라."

子曰: "禘[1]를 自旣灌而往者[2]는 吾不欲觀之矣로라."

【독음】 자왈: "체자기관이왕자, 오불욕관지의."

【요지】 노나라 '체제'의 비례화(非禮化)에 대한 불만을 토로함.

**주석**

1) 禘(체) : 고대에 천자가 5년마다 거행하는 종묘 대제(大祭)로, 시조(始祖)를 그 원조(元祖)와 합사(合祀)하는 큰 제사. 노나라는 애초에 주 무왕이 주공(周公, 문왕의 아들, 무왕의 아우)을 봉한 제후국이었으나, 주공이 주(周)왕실에서 천자를 보좌해야 할 상황이었기 때문에 다시 주공의 장자(長子) 백금(伯禽)을 노후(魯侯)에 봉함. 주공은 무왕 사후(死後)에는 성왕(成王)을 도와 천하를 대치(大治)로 이끌며 주나라의 기틀을 다지는 데 중추적인 역할을 함. 훗날 성왕은 주공의 그 크나큰 공덕을 기려 노나라가 제후국이지만 예외적으로 일부 천자의 예악(禮樂)을 행할 수 있도록 특사(特賜)함. 여

기서 말하는 '체제' 역시 그 중의 하나로, 노나라 제후가 시조 주공을 그 원조인 문왕(文王)과 합사할 수 있게 한 것임.

2) 灌(관) : 관(祼)과 같음. 제사를 지낼 때 시동(尸童)에게 술을 올려 향(香)을 맡게 한 후 땅에 뿌려 강신을 비는 의식. 而往(이왕) : 이후(以後).

**주자의 한 마디**

○사씨(謝氏)가 말하였다. "공자께서 일찍이 말씀하셨다. …… '노나라의 교제(郊祭)와 체제(禘祭)는 예법에 맞지 않거니 주공의 도(道)가 이미 쇠미하였도다!'"

## 3-11

어떤 사람이 공자께 체제(禘祭)의 의미에 대해 여쭙자 공자께서 말씀하셨다. "나는 모르노라. 그 의미를 아는 사람이라면 천하를 다스림에 있어 마치 천하를 여기에 올려놓고 보는 것과 같으리라!"고 하시며 손바닥을 가리키셨다.

或이 問禘之說[1]한대 子曰: "不知也로라 知其說者之於天下也에 其如示諸斯乎[2]인저!"하시고 指其掌하시다.

【독음】 혹문체지설. 자왈: "부지야, 지기설자지어천하야, 기여시저사호!" 지기장.

【요지】 '체제'가 갖는 예치상(禮治上)의 중차대한 의의를 강조함.

**주석**

1) 說(설) : 여기서는 이치, 의미, 또는 예법.

2) 示(시) : 시(視)와 같음. 諸(저) : 지어(之於)의 합성어. 斯(사) : 이[此], 여기. 곧 손바닥을 가리킴.

**주자의 한 마디**

○ 대개 '체제'의 예법을 알면 만사의 이치에 밝지 않음이 없고 성신함이 이르지 않음이 없어 천하를 다스리는 데에도 어려움이 없을 것이다. 한데 성인(聖人)이 이에 대해 어찌 진실로 알지 못하는 바가 있었겠는가?

## 3-12

흔히 조상에게 제사 지낼 때는 마치 조상이 그 자리에 있는 듯이 하고, 신령에게 제사 지낼 때는 마치 신령이 그 자리에 있는 듯이 한다고 하거니 공자께서는 "내가 만약 직접 제사에 참여하지 않으면 그 제사는 지내지 않은 것과 마찬가지니라."라고 하셨다.

**祭如在**하며 **祭神如神在**[1]러니 **子曰**: "**吾不與祭**[2]면 **如不祭**니라."

【독음】 제여재, 제신여신재. 자왈: "오불여제, 여부제."

【요지】 제사의 의의는 직접 참여해 지효(至孝)와 지성(至誠)을 다

함에 있음.

**주석**

1) 祭如~神在(제여~신재) : 이는 옛 경전(經傳)의 말이며, 아래 공자의 말은 바로 이에 근거해 평소의 생각을 피력한 것임.
2) 不與祭(불여제) : (공자가) 제사에 참여하지 못함을 이름. '여'는 (제사에) 참여함, 또는 참여해 도움.

**주자의 한 마디**

○ 이는 문인(門人)이 공자께서 제사 지내실 때의 성의(誠意)를 기록한 것이다.
○ 범씨가 말하였다. "'직접 제사에 참여하지 않으면 그 제사는 지내지 않은 것이나 마찬가지'인 것은 정성이 실(實)이고 예절은 허(虛)이기 때문이다."

## 3-13

왕손가(王孫賈)가 여쭈었다. "'거실(居室) 서남쪽 모퉁이 귀신에게 잘 보이기보다는 차라리 부엌 귀신에게 잘 보이는 것이 낫다.'는 것은 무슨 말입니까?" 공자께서 말씀하셨다. "그렇지 않소. 사람이 하늘에 죄를 지으면 빌 곳이 없소이다."

王孫賈問曰[1]: "'與其媚於奧[2]론 寧媚於竈[3]라'하니 何

謂也잇고?" 子曰: "不然하다. 獲罪於天이면 無所禱也니라."

【독음】 왕손가문왈: "'여기미어오, 녕미어조.' 하위야?" 자왈: "불연; 획죄어천, 무소도야."

【요지】 사람은 매사에 정정당당하여야 함.

**주석**

1) 王孫賈(왕손가) : 위(衛) 영공(靈公) 때의 대부(大夫).

2) 媚(미) : 아첨함. 곧 잘 보인다는 말. 奧(오) : 거실의 서남쪽 모퉁이. 또 그곳에 있다는 귀신.

3) 竈(조) : 부엌. 또 부엌 귀신. *이상의 두 구절은 당시의 속담으로, 그 우의(寓意)에 대해서는 추측성의 중설이 분분함. 일단은 단순하게 옛날 사람들의 의식 속에서 거실 귀신이 부엌 귀신보다 지위는 높지만 부엌 귀신은 음식을 주관하는 실권을 가지고 있었으므로 이 같이 말한 것으로 이해됨.

**주자의 한 마디**

○하늘은 만물의 근본 이치로, 그 존귀함은 상대가 없나니 거실 서남쪽 모퉁이 귀신이나 부엌 귀신이 비할 바가 아니다. ……하여 만사는 오로지 천리(天理)에 따라야 한다.

## 3-14

공자께서 말씀하셨다. "주(周)나라의 문물제도는 하(夏)·상

(商) 두 나라를 본보기로 삼았나니 찬란하도다, 그 문채(文彩)여! 나는 주나라의 문물제도를 받들어 따르리라."

子曰: "周監於二代[1]하니 郁郁乎文哉[2]라! 吾從周하리라."

【독음】 자왈: "주감어이대, 욱욱호문재! 오종주."
【요지】 주 왕조의 완비된 문물제도를 한껏 찬미하며 그 부활을 소망함.

**주석**

1) 監(감) : 감(鑑)과 통함. 본보기로 삼음, 거울로 삼음. 二代(이대) : 하·상 두 나라를 가리킴.
2) 郁郁乎(욱욱호) : 문채가 찬란한 모양. '욱욱'은 본디 초목이 무성하거나 향기가 진한 모양을 말하나, 여기서는 문물의 융성함을 형용함. '호'는 연(然)과 같은 형용사형 어미.

**주자의 한 마디**

○ 윤씨가 말하였다. "삼대(三代)의 예(禮)가 주 왕조에 이르러 완비되니 공자께서 그 문채를 찬미하고 따르신 것이다."

## 3-15

공자께서 태묘(太廟)에 들어가 일일이 물으셨다. 그러자 어떤 사람이 말했다. "누가 추읍(鄹邑) 대부(大夫)의 아들이 예(禮)를 안다고 하였는가? 태묘에 들어가서는 매사를 다 묻나니!" 공자께서 그 말을 듣고 말씀하셨다. "그것이 바로 예이니라."

子入大廟[1]하사 每事를 問하신대 或曰: "孰謂鄹人之子知禮乎[2]아? 入大廟하여 每事를 問이온여!" 子聞之하시고 曰: "是禮也니라."

【독음】 자입태묘, 매사문. 혹왈: "숙위추인지자지례호? 입태묘, 매사문!" 자문지, 왈: "시례야."

【요지】 예의 기본은 한껏 삼감에 있음을 강조함.

**주석**

1) 大廟(태묘) : 태묘(太廟). 주공(周公)의 사당을 가리킴. 옛날 개국의 군주를 태조(太祖)라 하고 태조의 사당을 '태묘'라 했는데, 주공은 노나라의 시조 임금이었으므로 이같이 일컬음.

2) 孰(숙) : 누가. 鄹人之子(추인지자) : 공자를 가리키는 말. '추'는 '추(郰)'로도 쓰며, 춘추시대 노나라의 읍(邑)으로, 지금의 산동성 곡부현(曲阜縣) 일대. 『사기(史記)』「공자세가(孔子世家)」에서는 "공자가 노나라 창평향 추읍에서 태어났다.(孔子生魯昌平鄕郰邑)"고 함. '추인'은 공자의 아버지 숙량흘(叔梁紇)을 가리킴. 숙량흘이 일찍이 추읍의 대부를 지낸 적이 있는데, 옛날에는 흔히 모지(某地)의 대부를 '모인(某人)'이라 일컬었으므로 여기서 숙량흘을 '추인'이라고

한 것임.

**주자의 한 마디**

○윤씨가 말하였다. "예란 공경함일 따름이니, 알면서도 묻는 것은 삼감이 지극한 것이다. 그 공경함이 이보다 더한 것이 없거늘 그런 것을 두고 오히려 예를 알지 못한다고 한 사람이 어찌 공자를 제대로 알겠는가?"

## 3-16

공자께서 말씀하셨다. "활쏘기에서 과녁을 뚫는 데 중점을 두지 않음은 사람마다 힘이 같지 않기 때문이니, 그것이 바로 옛날 사례(射禮)의 정신이니라."

子曰: "射不主皮[1]는 爲力不同科[2]니 古之道也니라."

【독음】 자왈: "사부주피, 위력부동과, 고지도야."
【요지】 예의와 덕성을 숭상한 고대 사례의 정신이 퇴색된 것을 탄식함.

**주석**

1) 射不主皮(사부주피) : 사례의 주된 취지는 과녁을 뚫는 데 있지 않는다는 뜻. '피'는 과녁을 통칭함. 일설에는 가죽 과녁을 이른다고 함.
2) 爲(위) : ~때문임. 同科(동과) : 동등함. '과'는 등급, 정도.

**주자의 한 마디**

○옛날에는 활쏘기로 그 사람의 덕성을 관찰하였으므로 다만 과녁을 적중시키는 데에만 중점을 두었으며 과녁을 꿰뚫는 데에는 무게를 두지 않았으니, 그것은 사람의 힘에는 강약이 있어 서로 같지 않기 때문이다.

○주(周)나라가 쇠미하며 예(禮)가 폐지되고 열국(列國)이 무력으로 다투면서 다시 과녁을 뚫는 것을 높이 샀으므로 공자께서 한탄하신 것이다.

## 3-17

자공(子貢)이 노(魯)나라에서 고삭(告朔)의 제례(祭禮)는 행하지 않으면서 희생양만 바치는 것을 없애려고 하자 공자께서 말씀하셨다. "사(賜)야! 너는 그 양이 아까우냐? 나는 그 예(禮)가 아까우니라."

**子貢이 欲去告朔之餼羊[1]한대 子曰: "賜也[2]야! 爾愛其羊[3]가? 我愛其禮하노라."**

【독음】 자공욕거고삭지희양. 자왈: "사야! 이애기양? 아애기례."
【요지】 고례(古禮)의 보존에 대한 공자의 열망과 의지를 보여줌.

**주석**

1) 去(거) : 제거함, 없앰. 告朔(고삭) : 주대(周代)의 제도로 매

년 계동(季冬)에 천자가 다음 해 12달의 정령(政令)이 포함된 책력(冊曆)을 제후들에게 나누어주고, 제후들은 그것을 받아 선조의 사당에 간직해 두었다가 매월 초하루가 되면 양을 잡아 희생으로 바치고 제사를 지내 사당에 고한 다음 그 달의 책력을 꺼내 온 나라에 펴던 일을 이름. 노나라는 문공(文公) 이후에는 이를 행하지 않으면서 양만 계속해서 희생으로 바쳐왔으므로 자공이 양을 바치는 것도 아예 없애려고 한 것임. '고'는 옛날에는 '곡'으로 읽었으나 지금은 글자대로 읽어도 됨. 그 뜻은 포고(布告)함, 반포(頒布)함. '삭'은 매월 초하루. 餼羊(희양) : 종묘 제사에 제물로 바쳐지는 양. 곧 희생양. '희'는 희생(犧牲).

2) 賜(사) : 자공의 이름.

3) 爾(이) : 제이 인칭대명사. 너. 愛(애) : 아낌, 아까워함.

**주자의 한 마디**

○ 예는 비록 폐지되었더라도 희생양을 바치는 것이라도 남아 있으면 사람들이 그래도 고대의 제례를 기억하여 장차 복원이 될 수도 있지만 만약 희생양을 바치는 것마저 없애버린다면 '고삭'의 예는 마침내 완전히 사라질 것이므로 공자께서 그 예를 아까워하신 것이다.

## 3-18

공자께서 말씀하셨다. "임금을 섬김에 신하의 도리를 다하는 것을 사람들은 오히려 아첨한다고 하는구나."

子曰: "事君盡禮[1]를 人以爲諂也로다."

【독음】 자왈: "사군진례, 인이위첨야."

【요지】 당시 임금에 대해 무례를 일삼는 세태 하에서 임금을 섬김에 신하의 도리를 다하는 데 대한 왜곡된 시각이 만연해 있음을 탄식함.

**주석**

1) 禮(예) : 여기서는 신하의 예절, 도리를 이름.

**주자의 한 마디**

○ 황씨(黃氏)가 말하였다. "공자께서 임금을 섬기는 예에 더하는 바가 있었던 것이 아니며 이와 같이 한 다음에야 비로소 그 예를 다하는 것이었을 따름이다. 한데 당시 사람들이 자신들은 예를 다하지 못하면서 오히려 공자께서 아첨한다고 한 것이다. 그러므로 공자께서 이같이 말씀하시어 임금을 섬기는 예의 당연함을 밝히신 것이다."

## 3-19

정공(定公)이 물었다. "임금이 신하를 부리고 신하가 임금을 섬기는 것을 어떻게 해야 합니까?" 공자께서 대답하셨다. "임금은 신하를 부림에 예의를 갖추고 신하는 임금을 섬김에 충성을 다해야 합니다."

定公[1]이 問: "君使臣하며 臣事君하되 如之何잇고?" 孔子對曰: "君使臣以禮하며 臣事君以忠이니이다."

【독음】 정공문: "군사신, 신사군, 여지하?" 공자대왈: "군사신이례, 신사군이충."
【요지】 군신간(君臣間)의 기본 도리를 설명함.

#### 주석

1) 定公(정공) : 춘추시대 노나라 임금.

#### 주자의 한 마디

○ 여씨(呂氏)가 말하였다. "임금이 신하를 부림에 있어서는 신하의 불충을 걱정할 것이 아니라 신하에 대한 자신의 예우가 지극하지 못함을 걱정해야 하고, 신하가 임금을 섬김에 있어서는 임금의 무례를 걱정할 것이 아니라 임금에 대한 자신의 충성이 부족함을 걱정해야 한다."

## 3-20

공자께서 말씀하셨다. "『시경』「관저편(關雎篇)」의 시정(詩情)은 즐거우나 방탕하지 않고 슬프나 고통스럽지 않느니라."

子曰: "關雎[1]는 樂而不淫[2]하고 哀而不傷[3]이니라."

【독음】 자왈: “관저, 락이불음, 애이불상.”
【요지】『시경』의 「관저」 시(詩)는 절제된 감정의 표현으로 중화(中和)의 규범에 부합함.

**주석**

1) 關雎(관저) : 『시경』 제1편 편명(篇名). 『시경』 전편(全篇)을 대표하는 작품으로, 요조숙녀를 향한 군자의 구애(求愛)를 묘사한 애정시. 옛날의 시는 곡조를 붙여 노래 불렀으므로 공자가 여기서 그 내용과 곡조를 아울러 평(評)한 것임.
2) 淫(음) : 과도함. 여기서는 즐거움이 지나쳐 성정(性情)의 단정함을 잃음을 이름.
3) 傷(상) : 심신을 상(傷)함, 고통스러움. 여기서는 슬픔이 지나쳐 성정의 조화를 해침을 이름.

**주자의 한 마디**

○그 시름이 깊었으나 중화를 해치지 않았고 그 즐거움이 성(盛)하였으나 단정함을 잃지 않았다.

## 3-21

애공(哀公)이 재아(宰我)에게 토지신의 신주를 무슨 나무로 하는지를 묻자 재아가 대답하였다. “하 왕조는 소나무로 하였고 은 왕조는 잣나무로 하였습니다. 반면 주 왕조는 밤나무로 하였는데, 그것은 백성들을 두려움에 떨게 하기 위함이었다고 하겠습니다.” 공자께서 그 말을 들으시고 말씀하셨다.

"이미 행(行)한 일이라 다시 왈가왈부하지 않고, 이미 끝난 일이라 다시 바로 잡지 않으며, 이미 지난 일이라 다시 추궁하지 않노라."

哀公이 問社於宰我[1]하신대 宰我對曰: "夏后氏[2]는 以松이요 殷人은 以柏이요 周人은 以栗이니 曰使民戰栗[3]이니이다." 子聞之하시고 曰: "成事라 不說[4]하며 遂事[5]라 不諫[6]하며 旣往이라 不咎[7]로다."

【독음】 애공문사어재아. 재아대왈: "하후씨이송, 은인이백, 주인이률, 왈사민전률." 자문지, 왈: "성사불설, 수사불간, 기왕불구."

【요지】 재아의 실언(失言)을 견책하며 은근히 주(周) 무왕의 통치 방식에 대해 아쉬움을 표현함.

**주석**

1) 社(사) : 토지신(土地神). 여기서는 그 신주(神主)를 이름. 宰我(재아) : 공자의 제자 재여(宰予). 노나라 사람으로, 자(字)는 자아(子我). 흔히 '재아'라고 일컬음.
2) 夏后氏(하후씨) : 하 왕조의 별칭. '하후(夏后)', '하씨(夏氏)'라고도 함.
3) 戰栗(전률) : 전율(戰慄)과 같음. 몹시 두려워하는 모양. 이는 '률(栗)' 자(字)에 전율의 뜻이 있음에 착안한 풀이임.
4) 說(설) : (그 시비를) 설명함, 의론(議論)함, 왈가왈부함.
5) 遂(수) : 완수함, 달성함.

6) 諫(간) : (임금이나 웃어른에게) 잘못을 고치도록 아룀. 여기서는 잘못을 바로 잡음.

7) 咎(구) : 질책함, 추궁함.

**주자의 한 마디**

○공자께서는 재아가 대답한 것이 토지신의 신주를 세운 본뜻이 아닌 데다 당시 임금의 살벌한 마음까지 촉동(觸動)시켰으나 그 말이 이미 입에서 나와 다시 주워 담을 수 없었기 때문에 이같이 일일이 말씀하시어 깊이 꾸짖으셨는데, 그것은 그로 하여금 나중에는 한껏 삼가도록 하고자 하신 것이다.

## 3-22

공자께서 말씀하셨다. "관중(管仲)은 그릇이 작았도다!" 어떤 사람이 여쭈었다. "관중은 검소했습니까?" 공자께서 말씀하셨다. "관씨는 세 곳에 집이 있었고 또 가신(家臣)으로 하여금 관직을 겸하게 하지 않았으니, 어찌 검소했다고 하겠는가?" "그러면 관중은 예(禮)를 알았습니까?" 공자께서 말씀하셨다. "한 나라의 임금이어야 병풍을 세워 문을 가리거늘 관씨 역시 병풍을 세워 문을 가렸고, 한 나라의 임금이어야 양국 군주의 우호적인 회합을 위해 잔대(盞臺)를 설치하거늘 관씨 역시 잔대를 설치하였는데, 만약 관씨가 예를 안다면 어느 누가 예를 알지 못하겠는가?"

子曰: "管仲之器小哉[1]로다!" 或이 曰: "管仲은 儉乎잇가?" 曰: "管氏有三歸[2]하며 官事를 不攝[3]하니 焉得儉이리오?" "然則管仲은 知禮乎잇가?" 曰: "邦君이어야 樹塞門[4]이어늘 管氏亦樹塞門하며 邦君이어야 爲兩君之好[5]에 有反坫[6]이어늘 管氏亦有反坫하니 管氏而知禮[7]면 孰不知禮리오?"

【독음】 자왈: "관중지기소재!" 혹왈: "관중검호?" 왈: "관씨유삼귀, 관사불섭, 언득검?" "연즉관중지례호?" 왈: "방군수색문, 관씨역수색문. 방군위양군지호, 유반점, 관씨역유반점. 관씨이지례, 숙부지례?"

【요지】 관중은 그릇이 작고 검소하지도, 예절을 알지도 못한 아쉬움이 있음.

**주석**

1) 管仲(관중) : 춘추시대 제(齊)나라 사람 관이오(管夷吾). '중'은 그의 자(字). 제 환공(桓公)의 재상으로 환공이 춘추 오패의 으뜸이 되는 데 크게 기여함. 器(기) : 그릇, 기량(器量). 또 재능과 도량.

2) 三歸(삼귀) : '삼귀지가(三歸之家)'의 뜻으로, 세 곳에 돌아갈 집이 있음을 이름. 그 때문에 사치스럽다고 본 것임.

3) 官事不攝(관사불섭) : 군주는 업무가 중대하여 관직마다 따로 관리를 두지만 대부(大夫)는 한 사람의 가신으로 여러 업무를 겸직케 하는 것이 관례인데, 세 곳에 집이 있었던 관중은 각기 따로 가신을 두어 피차간에 업무를 겸직시키

지 않았으니 사치하였다고 할 것임. '섭'은 겸직함.

4) 樹塞門(수색문) : '수'는 병풍을 세움. '색'은 가림. 옛날 군왕은 안팎을 구별하기 위해 문안에 병풍을 세워 가렸음. 일설에는 '수'는 세움, '색문'은 집안을 가리기 위해 대문 안이나 밖에 세우는 작은 벽.

5) 好(호) : 우호(友好), 또는 우호의 회합.

6) 反坫(반점) : 잔대. 옛날 제후의 회합에서 헌수(獻酬, 잔을 올림)의 예(禮)가 끝난 술잔을 내려놓는 흙으로 만든 대(臺). 대청(大廳)의 두 기둥 사이에 설치하였음.

7) 而(이) : 가정의 접속사. 만약, 만일.

**주자의 한 마디**

○ 공자께서 '관중의 그릇이 작다'고 하신 것은 그가 성현의 대학지도(大學之道)를 알지 못한 까닭에 기량이 편협하고 규모가 비속하여 스스로 몸을 바르게 하고 덕을 닦아 임금을 왕도(王道)에 이르게 하지 못했다는 말씀이다.

○ 소씨(蘇氏)가 말하였다. "스스로 심신을 수양하고 집안을 바로잡아 나라에까지 미치게 한다면 그 근본이 깊고 미침이 원대하므로 '큰 그릇'이라 할 것이다."

## 3-23

공자께서 노나라 태사(太師)에게 음악에 대해 일러 주셨다. "음악을 연주하는 과정을 대략 알 만하오. 연주를 시작할 때는 여러 음이 합쳐져 성대하고 계속 전개되면서 조화를 이루며 다시 선명해 지고 또 끊임없이 이어지면서 비로소 하나의 악곡이 완성된다오."

子語魯大師樂曰[1]: "樂은 其可知也[2]니 始作에 翕如也[3]하여 從之[4]에 純如也[5]하며 皦如也[6]하며 繹如也[7]하여 以成이니라."

【독음】 자어로태사악왈: "악기가지야: 시작, 흡여야; 종지, 순여야, 교여야, 역여야, 이성."
【요지】 음악 연주에 있어 악곡의 변화와 구성을 설명함.

**주석**

1) 語(어) : 여기서는 동사로, 일러 준다는 뜻. 大師(태사) : 태사(太師)와 같음. 악관(樂官) 및 악사(樂師)의 장(長).
2) 其(기) : 어조사. 여기서는 겸허의 뜻을 나타냄. 대개, 대략.
3) 翕如(흡여) : 여러 소리가 합쳐져 성대한 모양. '여'는 연(然)과 같음. 곧 어조사로, 형용사 뒤에 쓰여 '~한 모양'의 뜻을 나타냄.
4) 從(종) : 종(縱)과 같음. 여기서는 (음악을) 전개한다는 뜻.
5) 純如(순여) : (음률 · 곡조가) 조화로운 모양.
6) 皦如(교여) : (음률 · 곡조가) 선명한 모양.
7) 繹如(역여) : (음률 · 곡조가) 끊임없이 이어지는 모양.

**주자의 한 마디**

○ '태사'는 악관의 명칭인데, 당시의 음악에 결함이 있었기

때문에 공자께서 그에게 가르쳐 주신 것이다.

## 3-24

의(儀) 땅의 변방을 지키는 벼슬아치가 공자를 뵙기를 청하며 말했다. "군자가 이곳에 오시면 제가 만나 뵙지 못한 적이 없습니다." 공자를 수행하던 제자들이 그에게 공자를 만나 뵙게 해주었더니 물러 나와 말하였다. "여러분은 왜 선생님께서 관직을 잃고 여러 나라를 돌아다니시는 것을 걱정합니까? 천하가 무도(無道)한 지 오래이니, 하늘이 장차 선생님을 경세(警世)의 목탁으로 삼으실 것입니다."

**儀封人[1]이 請見曰[2]: "君子之至於斯也[3]에 吾未嘗不得見也로라." 從者見之[4]한대 出曰: "二三子[5]는 何患於喪乎[6]리오? 天下之無道也久矣[7]라 天將以夫子로 爲木鐸[8]이시리라."**

【독음】 의봉인청현, 왈: "군자지지어사야, 오미상부득현야." 종자현지. 출왈: "이삼자하환어상호? 천하지무도야구의, 천장이부자위목탁."

【요지】 은인(隱人) 고사(高士)인 의봉인의 식견을 통해 공자의 학문과 도덕이 장차 하늘을 대신해 세상을 깨우치게 될 것임을 예언함.

### 주석

1) 儀封人(의봉인) : '의'는 위(衛)나라 읍(邑) 이름. '봉'은 봉강(封疆), 변경(邊境). '봉인'은 변경의 수비를 맡은 벼슬 이름. 주자는 이 '의봉인'은 아마 낮은 벼슬자리에 숨어 지내는 현인일 것이라고 함.
2) 見(현) : 알현함, 만나 뵘.
3) 君子(군자) : 여기서는 현자(賢者)를 이름. 斯(사) : 이, 이곳. 의읍(儀邑)을 가리킴.
4) 從者(종자) : 곧 공자의 수행 제자들을 가리킴. 見之(현지) : 의봉인으로 하여금 공자를 만나 뵙게 한다는 뜻. '지'는 의봉인을 가리킴.
5) 二三子(이삼자) : 너희들, 여러분. 『논어』에서는 주로 공자가 그 제자를 일컫거나 장자(長者)와 고관(高官)이 공자의 제자를 일컬을 때 씀.
6) 喪(상) : 벼슬을 잃음. 이는 공자가 노나라의 대사구(大司寇) 벼슬을 버리고 열국을 주유하게 된 일을 두고 이름.
7) 無道(무도) : 정치 암흑과 사회 혼란의 상황을 이름.
8) 木鐸(목탁) : 나무 추를 단 큰 구리 방울. 옛날 정치와 교화의 법령을 선포할 때 이를 흔들어 청중을 모아 경계시킴. 여기서는 공자는 경세의 목탁으로서 그 학문과 도덕이 장차 만세(萬世)에 길이 가르침을 내릴 것이란 뜻을 비유 표현함.

### 주자의 한 마디

○ 혹자가 말하였다. "목탁이란 길을 따라 돌아다니면서 울리는 것이니 하늘이 공자로 하여금 벼슬자리를 잃고 사방을

두루 돌아다니며 그 가르침을 베풀게 한 것은 마치 목탁이 길을 따라 두루 돌아다니는 것과 같은 것이다."

## 3-25

공자께서 순(舜)임금의 소(韶) 음악을 평하시기를 "선율이 한없이 아름답고, 의미 또한 더할 나위 없이 훌륭하도다."고 하시고, 주(周) 무왕의 무(武) 음악을 평하시기를 "선율은 한없이 아름다우나 의미가 아주 훌륭하지는 않도다."고 하셨다.

子謂韶[1]하시되 "盡美矣[2]요 又盡善也[3]라."하시고 謂武[4]하시되 "盡美矣나 未盡善也라."하시다.

【독음】 자위소: "진미의, 우진선야." 위무: "진미의, 미진선야."
【요지】 공자가 '소'·'무' 음악에 대한 논평을 통해 예치와 덕치를 숭상하는 정치적 소신을 피력함.

### 주석

1) 謂(위) : 말함. 여기서는 평가함, 평론함. 韶(소) : 순임금이 지었다는 악곡 이름.
2) 美(미) : 악곡의 선율이 우미(優美)함을 이르는 말.
3) 善(선) : 악곡의 의미가 완선(完善)함을 이르는 말.
4) 武(무) : 주 무왕이 지었다는 악곡 이름.

#### 주자의 한 마디

○ 순임금은 요임금을 이어 치세(治世)를 이끄셨고, 주 무왕은 은(殷) 주왕(紂王)을 토벌해 백성을 구제하셨으니 그 공(功)은 한가지이다. 때문에 그 음악이 모두 한없이 아름다운 것이다. 다만 순임금의 덕(德)은 천성(天性)에 따른 것이요 또 읍(揖)하고 겸손함으로써 천하를 얻은 반면, 무왕의 덕은 천성을 회복한 것이요 또 무력으로 정벌함으로써 천하를 얻었다. 그러니 실제로는 서로 같지 않은 바가 있는 것이다.

## 3-26

공자께서 말씀하셨다. "윗자리에 있으며 너그럽지 않고, 예(禮)를 행하며 공경하지 않으며, 상사(喪事)에 임하여 슬퍼하지 않는다면 내가 무엇으로 그 사람됨을 살피겠는가?"

**子曰: "居上不寬하며 爲禮不敬[1]하며 臨喪不哀[2]면 吾何以觀之哉리오?"**

【독음】 자왈: "거상불관, 위례불경, 림상불애, 오하이관지재?"
【요지】 사람은 모름지기 도덕적 품성과 행위의 근본에 힘써야 함.

#### 주석

1) 爲禮(위례) : 행례(行禮), 곧 예를 행함.
2) 臨喪(임상) : 자신이나 타인의 상사에 임함을 아울러 이름.

**주자의 한 마디**

○ 윗자리에 있으면 사람을 사랑하는 데 힘쓰므로 너그러움을 근본으로 한다. 또 예를 행함에는 공경함을 근본으로 하고 상사에 임함에는 슬픔을 근본으로 한다. 그런데 이 같은 근본이 결여되었다면 무엇으로 그 행실의 득실을 관찰하겠는가?

# 제4편 이인(里仁)

「이인편」은 모두 26장으로 이루어져 있으며, 전반적으로 공자 사상의 핵심인 인(仁)의 본질적 의의와 실제적 효용을 논하는 데 주력하면서 시종 사람들에게 도덕 수양을 권면(勸勉)하였다. 뿐만 아니라 의(義)·이(利), 군자·소인, 효경(孝敬) 및 언행(言行) 등등의 문제를 아울러 논하였다.

## 4-1

공자께서 말씀하셨다. "사람이 사는 마을은 인후(仁厚)한 기풍이 있어야 아름답나니 살 곳을 고르되 인후한 곳에 거주하지 않는다면 어찌 지혜롭다 하겠는가?"

子曰: "里仁[1]이 爲美하니 擇不處仁[2]이면 焉得知[3]리오?"

【독음】 자왈: "리인위미. 택불처인, 언득지?"
【요지】 거주지의 환경은 무엇보다 인후함이 으뜸임.

**주석**

1) 里(리) : 마을, 동네. 일설에는 동사로, 삶, 거주함.
2) 擇(택) : 여기서는 거주할 마을을 선택한다는 뜻. 處(처) : 삶, 거주함.
3) 焉(언) : 어찌. 知(지) : 지(智)와 같음. 『논어』에서 '지(智)'의 뜻은 모두 '지(知)'로 씀.

**주자의 한 마디**

○ 사람이 사는 마을은 인후한 풍속이 있어야 아름답나니 마을을 고르되 그같이 인후한 곳을 골라 거주하지 않는다면 시비(是非)의 본심을 잃은 것이니 지혜롭다고 할 수 없다.

## 4-2

공자께서 말씀하셨다. "불인(不仁)한 사람은 곤궁함에 오래 처하지 못하고, 또 안락함에도 오래 처하지 못한다. 반면 인한 사람은 인을 편안히 여기고, 지혜로운 사람은 인을 이롭게 여기느니라."

子曰: "不仁者[1]는 不可以久處約[2]하며 不可以長處樂이나 仁者는 安仁[3]하고 知者[4]는 利仁[5]이니라."

【독음】 자왈: "불인자불가이구처약, 불가이장처락. 인자안인, 지자리인."

【요지】 사람은 어떤 경우에도 인도(仁道)를 행하고 인덕(仁德)을 잃지 않아야 함.

**주석**

1) 仁者(인자) : 어진 사람. 도덕 수양이 지극히 높고 심성이 인후한 사람.
2) 約(약) : 곤궁함, 궁색함.
3) 安仁(안인) : 인을 편안히 여김. 곧 빈천하든지 부귀하든지 간에 늘 편안한 마음으로 즐겁게 인도를 받들고 행한다는 뜻.
4) 知者(지자) : 지자(智者)와 같음. 지혜로운 사람.
5) 利仁(이인) : 인을 이롭게 여김. 곧 빈천하든지 부귀하든지 간에 늘 이롭다는 마음으로 즐겁게 인도를 받들고 행한다는 뜻.

**주자의 한 마디**

○ 불인한 사람은 그 본연의 심성을 잃어 오랫동안 곤궁하면 반드시 방종하고 또 오랫동안 즐거우면 반드시 음란해진다. 하지만 유독 인자는 인을 편안히 여겨 가는 곳마다 그렇지 않음이 없고, 지자는 인을 이롭게 여겨 그 소신을 바꾸지 않는다.

## 4-3

공자께서 말씀하셨다. "오직 인자만이 사람을 좋아하고 또 사람을 미워할 수 있느니라."

子曰: "唯仁者아 能好人[1]하며 能惡人[2]이니라."

【독음】 자왈: "유인자능호인, 능오인."

【요지】 사람은 인자라야 비로소 사심이나 편견 없이 공정하게 다른 사람을 좋아하거나 미워할 수 있음.

**주석**

1) 好(호) : 좋아함.

2) 惡(오) : 미워함, 싫어함.

**주자의 한 마디**

○ 유씨(游氏)가 말하였다. "선을 좋아하고 악을 미워함은 천하 만인의 공통된 정서이나 사람이 매양 그 공정함을 잃는 것

은 마음에 얽매이는 바가 있고, 또 그것을 스스로 극복하지 못하기 때문이다. 그러나 오직 인자만은 사심이 없으므로 사람을 좋아하고 미워함을 공정하게 할 수가 있다."

## 4-4

공자께서 말씀하셨다. "사람이 만약 진실로 인(仁)에 뜻을 둔다면 결코 악을 행하지는 않을 것이니라."

子曰: "苟志於仁矣[1]면 無惡也[2]니라."

【독음】 자왈: "구지어인의, 무악야."
【요지】 모든 사람이 인에 뜻을 두고 향선(向善)할 것을 권면함.

### 주석

1) 苟(구) : 진실로. 여기서는 '만약에 진실로 인에 뜻을 둔다면'의 뜻을 이끌어 냄.
2) 無惡(무악) : 악행을 하지 않음.

### 주자의 한 마디

○ 양씨(楊氏)가 말하였다. "진실로 인에 뜻을 둔다 하더라도 반드시 과오가 없지는 않을 것이나 악을 행하는 일은 결코 없을 것이다."

## 4-5

공자께서 말씀하셨다. "부귀함은 모든 사람이 바라는 것이나 정당한 방법으로 얻지 않으면 군자는 그것을 누리지 않으며, 빈천함은 모든 사람이 싫어하는 것이나 정당한 방법으로 벗어나지 못하면 군자는 그것을 벗어나지 않는다. 군자가 인(仁)을 떠나서 어떻게 그 이름을 이룰 수 있겠는가? 군자는 밥 한 끼를 먹는 사이에도 인을 떠나지 않거니 급박한 가운데서도 반드시 인을 따르고, 곤궁한 가운데서도 반드시 인을 따르느니라."

子曰: "富與貴가 是人之所欲也나 不以其道得之[1]어든 不處也[2]하며 貧與賤이 是人之所惡也나 不以其道得之어든 不去也[3]니라. 君子가 去仁이면 惡乎成名[4]이리오? 君子는 無終食之間違仁[5]이니 造次[6]에 必於是[7]하며, 顚沛[8]에 必於是니라."

【독음】 자왈: "부여귀, 시인지소욕야; 불이기도득지, 불처야. 빈여천, 시인지소오야; 불이기도득지, 불거야. 군자거인, 오호성명? 군자무종식지간위인, 조차필어시, 전패필어시."

【요지】 군자가 군자일 수 있는 까닭은 어떤 경우에도 오로지 인도(仁道)에 따라 처신 행사(處身行事)함에 있음.

### 주석

1) 道(도) : 도의(道義). 곧 정당한 방법.

2) 處(처) : 처함. 여기서는 (부귀를) 향유함을 이름.

3) 貧與賤~不去也(빈여천~불거야) : 빈천함이란 근본적으로 사람이 얻고자 하는 것이 아니라 가능한 한 벗어나고자 하는 것이므로 이 구절은 논리상 모순이 있으며, 때문에 후세에 다양한 풀이를 낳음. 다만 한대(漢代) 왕충(王充)이 『논형(論衡)』「문공편(問孔篇)」에서 '득(得)'을 '거(去)'의 잘못이라고 한 견해가 일리가 있어 취할 만함. '오(惡)'는 싫어함. '거(去)'는 떠남, 벗어남.

4) 惡乎(오호) : 어찌, 어떻게. '호'는 어조사. 成名(성명) : 군자의 이름 내지 명성을 이룸. 곧 군자가 된다는 뜻.

5) 終食之間(종식지간) : 밥 한 끼를 먹는 사이. 아주 짧은 시간을 형용함. 違(위) : 어김, 떠남.

6) 造次(조차) : 창졸(倉卒)함, 급박함.

7) 於是(어시) : '어'는 종(從)과 통하고, '시'는 인(仁)을 가리키므로 이는 곧 '종인(從仁)' 내지 '의인(依仁)'의 뜻임. 곧 인을 따름, 인에 의거함. 앞의 '위인(違仁)'과 대응됨.

8) 顚沛(전패) : 엎어지고 자빠짐. 곧 곤경에 처한 상황을 형용함.

**주자의 한 마디**

○ 이는 군자가 인을 행함은 부귀와 빈천을 취사(取捨)하는 사이에서부터 밥 한 끼를 먹는 사이 또는 급박하거나 곤궁한 상황에 이르기까지 언제 어디서나 온 힘을 다하지 않음이 없다는 말이다. 그러나 부귀·빈천 취사의 분별이 명확해진 연후에야 존심(存心, 사람의 본심을 보존함) 양성(養性, 사람의 선성善性을 기름)의 공력(功力)이 정밀해지는데, 존심

양성의 공력이 정밀해지고 나면 곧 그 취사의 분별이 더욱 명확해질 것이다.

## 4-6

공자께서 말씀하셨다. "나는 아직 인(仁)함을 좋아하는 사람과 불인(不仁)함을 싫어하는 사람을 보지 못했다. 인함을 좋아하는 사람은 세상에 어떤 것도 인함을 능가하는 것이 없다고 생각하고, 불인함을 싫어하는 사람은 그가 인을 행함에 있어 불인한 것이 자신에게 가(加)해지지 않게 한다. 어디 능히 하루라도 온 힘을 인에 쏟는 사람이 있는가? 나는 아직 힘이 부족한 사람은 보지 못했노라. 아마도 그런 사람이 있을 것이나 나는 아직 보지 못하였도다."

子曰: "我未見好仁者와 惡不仁者[1]로라. 好仁者는 無以尙之[2]요 惡不仁者는 其爲仁矣[3]에 不使不仁者[4]로 加乎其身이니라. 有能一日用其力於仁矣乎아? 我未見力不足者로라. 蓋有之矣[5]어늘 我未之見也[6]로다."

【독음】 자왈: "아미견호인자, 오불인자. 호인자, 무이상지; 오불인자, 기위인의, 불사불인자가호기신. 유능일일용기력어인의호? 아미견력부족자. 개유지의, 아미지견야."

【요지】 인에 뜻을 두고 행인(行仁)에 진력하는 기풍을 찾아볼 수 없는 세태를 개탄함.

**주석**

1) 好仁者(호인자)·惡不仁者(오불인자) : 인함을 좋아하는 사람과 불인함을 싫어하는 사람. 이는 타인의 인·불인에 대한 반응이 아니라 자아 수양에 중점을 두고 한 말임.
2) 無以尙之(무이상지) : 그것을 능가하는 것이 없음, 능가할 수 없음. 여기서는 그렇게 생각한다는 뜻. '상'은 상(上)과 통함. 곧 능가함, 뛰어넘음. '지'는 '호인(好仁)'의 '인'을 가리킴.
3) 爲仁(위인) : 행인(行仁). 곧 인도(仁道)를 실행함, 인덕(仁德)을 실천함. 矣(의) : 여기서는 휴지(休止)의 어조사로, 야(也)와 같음.
4) 不仁者(불인자) : 불인한 것. 곧 불인한 일, 이름[名] 따위.
5) 蓋(개) : 추측의 어조사. 대개.
6) 未之見(미지견) : '미견지(未見之)'의 도치.

**주자의 한 마디**

○대개 인함을 좋아하는 사람은 진정 인함이 좋아할 만한 것임을 알기 때문에 천하 만물 가운데 그 어떤 것도 인함을 능가할 수 없다고 여긴다. 또 불인함을 싫어하는 사람은 진정 불인함이 싫어할 만한 것임을 알기 때문에 그가 인을 행함에 있어 반드시 불인한 일을 완전히 끊어 조금이라도 자신에게 이르지 않도록 한다. 이는 모두 인의 덕성을 이루는 일이다. 그러므로 그런 사람을 만나기 어려운 것이다.
○인을 행함은 자기 자신에게 달려 있다. 하고자 하면 가능한 것이고, 또 뜻이 있으면 그 기운이 반드시 이르는 법이다. 그러므로 인이 비록 능하기는 어려우나 이르기는 또한 쉬

운 것이다.

○이 장은 인덕(仁德)을 이룬 사람을 만나기는 어려우나 배우는 이가 실제로 그 힘을 다한다면 또한 성덕(成德)에 이르지 못할 리가 없다는 것이다. 다만 힘을 다했는데도 그 같은 경지에 이르지 못한 사람을 이제껏 보지 못했다는 것이며, 때문에 공자께서 거듭 탄식하신 것이다.

## 4-7

공자께서 말씀하셨다. "사람의 과오는 각기 그 유(類)에 따라 다르다. 그러므로 그 사람의 과오를 살펴보면 곧 그가 인한지 불인한지를 알 수 있느니라."

**子曰: "人之過也는 各於其黨[1]이니 觀過[2]면 斯知仁矣[3]니라."**

【독음】 자왈: "인지과야, 각어기당. 관과, 사지인의."

【요지】 그 유에 따라 다른 과오를 보면 그 사람의 인함과 불인함을 알 수 있음.

**주석**

1) 於(어) : 종(從) 또는 의(依)와 통함. 따름, 의거함. 黨(당) : 유(類), 부류.

2) 觀過(관과) : 이는 전통적으로 '다른 사람의 과오를 관찰함'

으로 풀이함.

3) 斯(사) : 즉(則)과 같음. 곧.

**주자의 한 마디**

○ 정자(程子)께서 말씀하셨다. "군자는 늘 후덕한 데서 잘못을 하고 소인은 늘 박정한 데서 잘못을 하거니, 군자는 친애함에 지나치고 소인은 잔인함에 지나치다."

## 4-8

공자께서 말씀하셨다. "아침에 도(道)를 깨달으면 저녁에 죽어도 좋으니라."

**子曰: "朝聞道[1]면 夕死라도 可矣니라."**

【독음】 자왈: "조문도, 석사가의."

【요지】 인생의 참된 이치를 깨닫는 것이 얼마나 중요한 것인지를 극단적으로 강조함.

**주석**

1) 聞(문) : 들어서 앎, 깨달음. 道(도) : 진리. 주자는 '사물의 당연한 이치'라 하고, 청대(淸代) 장학성(章學誠)은 '사물의 소이연(所以然)'이라고 하였는데, 공자가 말하는 '도'는 대개 우주 만물 · 인생 만사의 진리를 통칭함.

**주자의 한 마디**

○정자께서 말씀하셨다. "이는 모두 진실한 이치이니, 사람이 이를 깨달아 믿기는 대단히 어렵다. 죽고 삶도 크나큰 일이거니 진실로 터득한 바가 있지 않다면 어떻게 저녁에 죽는 것이 괜찮겠는가?"

## 4-9

공자께서 말씀하셨다. "선비가 도(道)에 뜻을 두었지만 거친 음식과 낡은 옷을 부끄럽게 여기는 자는 함께 도를 논할 만하지 않느니라."

子曰: "士志於道而恥惡衣惡食者[1]는 未足與議也[2]니라."

【독음】 자왈: "사지어도, 이치악의악식자, 미족여의야."

【요지】 선비라면 응당 낙도고궁(樂道固窮), 즉 도를 즐기며 곤궁함 속에서도 꿋꿋이 절조를 지켜야 함.

**주석**

1) 士(사) : 선비. 고대사회에서 초기에는 귀족계층 가운데 경(卿)·대부(大夫) 다음의 가장 낮은 등급을 일컬었으나 춘추 말엽 이후에는 지식인의 통칭으로 씀. 惡(악) : 조악함.

2) 議(의) : 의론(議論)함. 여기서는 도, 즉 인생의 진리를 논한다는 뜻.

**주자의 한 마디**

○ 정자께서 말씀하셨다. "선비가 도에 뜻을 두었으나 그 마음이 외물(外物)에 사역(使役)을 당한다면 어찌 함께 인생의 도를 논할 수 있겠는가?"

## 4-10

공자께서 말씀하셨다. "군자는 천하만사에 있어 반드시 어떻게 해야 된다는 것도 없고 또 반드시 어떻게 하면 안 된다는 것도 없으며, 오직 알맞고 마땅함에 따를 뿐이니라."

子曰: "君子之於天下也[1]에 無適也[2]하고 無莫也[3]하며 義之與比[4]니라."

【독음】 자왈: "군자지어천하야, 무적야, 무막야, 의지여비."
【요지】 군자는 만사에 합리적이며 고지식하지 않음.

**주석**

1) 於天下(어천하) : 군자의 처신 행사(處身行事) 전반을 염두에 둔 말로 '천하만사에 대하여'란 뜻.
2) 適(적) : 주자는 『집주(集註)』에서 '오로지 주장함(專主)', 즉 오로지 어떻게 하기를 고집한다는 뜻으로 해석하고, 또 사씨(謝氏)의 말을 인용해 '가(可)함', 즉 반드시 어떻게 해야 된다는 뜻이라고 부연함. 이는 군자의 처신 행사에 맞는 풀

이로 공자의 본의에 부합함.

3) 莫(막) : 주자는 『집주』에서 '기꺼이 하려고 하지 않음(不肯)'의 뜻으로 해석하고, 또 사씨의 말을 인용해 '불가함', 즉 반드시 어떻게 하면 안 된다는 뜻이라고 하였는데, 위와 같은 이유에서 적절한 풀이로 판단됨.

4) 義之與比(의지여비) : 곧 '의여지비(義與之比)'의 뜻. '여의비(與義比)'에서 '의'를 강조하기 위해 전치(前置)한 형태. '의'는 적의(適宜) 즉 (무엇을 하기에) 알맞고 마땅함, 또는 합리(合理) 즉 이치에 합당함. '비'는 따름, 의(依)함.

**주자의 한 마디**

○사씨가 말하였다. "'적(適)'은 가함이요 '막(莫)'은 불가함이다. 가함도 없고 불가함도 없는데 만약 그것을 주재하는 바른 도(道)가 없다면 거의 미쳐 날뛰고 제멋대로 구는 게 아니겠는가? ……성인의 학문은 결코 그렇지 않아서 가함도 없고 불가함도 없는 사이에 도의(道義)가 존재하나니 그렇다면 군자의 마음이 과연 치우치는 바가 있겠는가?"

## 4-11

공자께서 말씀하셨다. "군자는 늘 도덕의 증진을 생각하고 소인은 늘 일신의 안락을 생각하며, 군자는 늘 법도의 준수를 생각하고 소인은 늘 사사로운 은혜를 탐하느니라."

子曰: "君子[1]는 懷德[2]하고 小人[3]은 懷土[4]하며 君子는 懷刑[5]하고 小人은 懷惠[6]니라."

【독음】 자왈: "군자회덕, 소인회토; 군자회형, 소인회혜."
【요지】 군자와 소인의 지향(志向)과 가치관의 차이를 설명함.

**주석**

1) 君子(군자) : 학덕이 높은 사람. 일설에는 군주를 가리킨다고 하나 적절치 않음.
2) 懷德(회덕) : 항상 도덕 수양의 증진을 생각한다는 뜻. '회'는 마음에 둠, 생각함, 염념불망(念念不忘).
3) 小人(소인) : 학덕이 낮은 사람. 일설에는 백성을 가리킨다고 하나 적절치 않음.
4) 懷土(회토) : 주자는 그 거처의 편안함에 탐닉하는 것이라고 하였으니, 곧 항상 일신(一身)의 안락을 도모하려고 한다는 뜻. '토'는 전지(田地), 전택(田宅). 여기서는 전의(轉意)되어 일신의 안락.
5) 懷刑(회형) : 주자는 법을 두려워하는 것이라고 하였으니, 곧 항상 법도의 준수를 생각한다는 뜻. '형'은 법제(法制), 법도.
6) 懷惠(회혜) : 주자는 이익을 탐하는 것이라고 하였으니, 곧 항상 남의 사사로운 은혜를 탐한다는 뜻. '혜'는 사사로운 작은 은혜, 선심.

**주자의 한 마디**

○ 군자와 소인의 취향이 같지 않음은 공(公)과 사(私)의 사이

에 있을 뿐이다.

○ 윤씨(尹氏)가 말하였다. "선(善)을 좋아하고 불선(不善)을 싫어함은 군자인 까닭이요, 구차히 편안하려 하고 이득에 힘씀은 소인인 까닭이다."

## 4-12

공자께서 말씀하셨다. "사람이 사사로운 이익을 좇아 행동하면 쉬이 남에게 원망을 사게 되느니라."

子曰: "放於利而行[1]이면 多怨[2]이니라."

【독음】 자왈: "방어리이행, 다원."

【요지】 사람은 처신 행사함에 있어 쉬이 원망을 초래하는 이욕(利慾)의 추구를 경계해야 함.

### 주석

1) 放(방) : 방(倣)과 같음. 의(依)함, 의거함.

2) 怨(원) : 남에게 원망을 삼. 일설에는 남을 원망함이라고 하는데, '사람이 사사로운 이익을 좇아 행동할' 때 그 또한 충분히 예상되는 현상일뿐더러 공자의 가르침이 대개 피교육자 자신에게 초점을 맞추고 무게를 둔다는 점에서 설득력이 있음. 여기서는 보다 무난한 전자를 위주로 하되 후자 역시 공자의 본의에 포함될 수 있다는 견지에서 이해하고자 함.

**주자의 한 마디**

○ 정자께서 말씀하셨다. "자신에게 이롭게 하고자 하면 필연적으로 남에게 피해를 주게 된다. 그러므로 쉬이 남에게 원망을 사는 것이다."

## 4-13

공자께서 말씀하셨다. "예의상 겸양함으로 나라를 다스릴 수 있다면 무슨 어려움이 있으며, 예의상 겸양함으로 나라를 다스리지 못한다면 예(禮)를 어떻게 하겠는가?"

子曰: "能以禮讓爲國乎[1]면 何有[2]며 不能以禮讓爲國이면 如禮何[3]리오?"

【독음】 자왈: "능이례양위국호, 하유? 불능이례양위국, 여례하?"

【요지】 예법상의 겸양 정신은 위정 · 치국자(治國者)의 필수 자질이요, 치국의 근본임.

**주석**

1) 禮讓(예양) : 예의 · 예법상의 겸양 정신을 이름. 爲國(위국) : 치국(治國). 나라를 다스림. 乎(호) : 여기서는 휴지(休止)의 어조사로 이해됨.

2) 何有(하유) : 춘추시대의 상용어. '하난지유(何難之有)' 또는 '하유난호(何有難乎)'와 같은 말. 곧 어떤 어려움도 없음을 이름.

3) 如禮何(여례하) : 예의 본질은 겸양 정신을 표현함인데, 만약 '예의상 겸양함으로 나라를 다스리지 못한다면' 그 실질적 정신을 상실하게 되므로 예는 아무런 효용 가치를 갖지 못한다는 뜻.

**주자의 한 마디**

○ 겸양은 '예'의 실질이다.

## 4-14

공자께서 말씀하셨다. "사람은 벼슬자리가 없음을 걱정하지 말고 벼슬자리에 오를 만한 자질이 있는가를 걱정할 것이며, 자신을 알아주는 사람이 없음을 걱정하지 말고 사람들이 알아줄 만한 자질을 갖추도록 해야 할 것이니라."

**子曰: "不患無位[1]요 患所以立[2]하며 不患莫己知[3]요 求爲可知也[4]니라."**

【독음】 자왈: "불환무위, 환소이립; 불환막기지, 구위가지야."
【요지】 사람은 객관적인 여건을 탓하기에 앞서 자신의 재학(才學)을 증진시키고 품격과 덕망을 도야하는 데 더욱 진력하여야 함.

**주석**

1) 患(환) : 근심함, 걱정함. 位(위) : 지위, 직위, 벼슬자리.

2) 所以立(소이립) : 벼슬자리에 입신(立身)할 수 있는 근거, 자질, 재학(才學) 따위.
3) 莫己知(막기지) : '막지기(莫知己)'의 도치.
4) 求爲可知也(구위가지야) : 전후 문맥으로 보아 이 구절 첫머리에 '환(患)' 자가 있어야 할 것으로 보임. '가지'는 남이 알아줄 만한 내실(內實), 곧 실질적 자질을 가리킴.

**주자의 한 마디**

○ 정자께서 말씀하셨다. "군자는 범사(凡事)를 자신에게서 구하는 사람일 따름이다."

## 4-15

공자께서 말씀하셨다. "삼(參)아! 내가 말하는 진리는 한 가지로 전체를 꿰뚫느니라." 증자가 말했다. "예, 그렇습니다." 공자께서 나가시자 다른 제자가 물었다. "무슨 말씀인가?" 증자가 말했다. "선생님께서 말씀하시는 진리는 '충(忠)' · '서(恕)'일 따름이라네."

子曰: "參乎[1]아! 吾道[2]는 一以貫之[3]니라." 曾子曰: "唯[4]라." 子出커시늘 門人[5]이 問曰: "何謂也잇고?" 曾子曰: "夫子之道는 忠恕而已矣[6]니라."

【독음】 자왈: "삼호! 오도일이관지." 증자왈: "유." 자출, 문인문왈:

"하위야?" 증자왈: "부자지도, 충서이이의."

【요지】 증자가 '일이관지'하는 공자 학설의 핵심을 '충'·'서'로 요약함.

**주석**

1) 參(삼) : 증자의 이름. 乎(호) : 호격(呼格)조사.
2) 道(도) : 인생의 진리. 또 사상, 학설.
3) 一以貫之(일이관지) : '이일관지(以一貫之)'의 도치.
4) 唯(유) : 긍정의 대답으로 하는 말. 예, 그렇습니다.
5) 門人(문인) : 공자의 제자를 가리킴.
6) 忠恕(충서) : 충성스러움과 어짊. 주자는 '진기(盡己)' 즉 자신의 마음을 다해 남을 대함을 '충'이라 하고, '추기(推己)' 즉 자신의 마음을 미루어 남에게 미침을 '서'라 한다고 함. 而已矣(이이의) : 한정(限定)의 어조사. ~일 따름임.

**주자의 한 마디**

○혹자가 이르기를 "한가운데 마음[中心]이 '충'이고, 내 마음과 같음[如心]이 '서'이다."라고 하였는데, 의미상 그 또한 통한다.

## 4-16

공자께서 말씀하셨다. "군자는 도의(道義)에 밝고 소인은 이익에 밝도다."

子曰: “君子는 喩於義[1]하고 小人은 喩於利니라.”

【독음】 자왈: “군자유어의, 소인유어리.”

【요지】 군자와 소인의 관심은 각각 공의(公義)와 사리(私利)로 뚜렷하게 구별됨.

### 주석

1) 喩(유) : 앎, 밝음. 이에는 또 아주 좋아하며 열심히 추구한다는 뜻을 내포함.

### 주자의 한 마디

○양씨가 말하였다. “군자는 목숨을 버리고 도의를 취하는 사람이 있다. 한데 이익으로 말하자면 사람이 얻고자 하는 것은 목숨보다 더한 것이 없고 싫어하는 것은 죽음보다 더한 것이 없거늘 어느 누가 기꺼이 목숨을 버리고 도의를 취하겠는가? 그것은 그들이 오직 깊이 깨달은 것이 도의일 따름이요, 이익이 이로운 것인지를 알지 못하기 때문이다. 소인은 이와 반대이다.”

## 4-17

공자께서 말씀하셨다. “어진 사람을 보면 그와 같기를 생각하고 어질지 못한 사람을 보면 마음 깊이 자신을 돌이켜 보아야 하느니라.”

子曰: "見賢思齊焉[1]하며 見不賢而內自省也[2]니라."

【독음】 자왈: "견현사제언, 견불현이내자성야."

【요지】 사람은 타인의 현·불현을 거울삼아 부단히 자신의 도덕 수양을 높여나가야 함.

**주석**

1) 思齊焉(사제언) : 그와 같기를, 즉 그를 본받기를 생각함. 곧 자신도 그와 같은 선함이 있기를 바란다는 말. '제'는 가지런함, 같음. '언'은 어지(於之)와 같음.

2) 內自省(내자성) : 내심으로 자성함. 곧 자신도 그와 같은 악함이 있을까 두려워한다는 말.

**주자의 한 마디**

○ 호씨(胡氏)가 말하였다. "다른 사람들의 선악이 각기 다른 것을 보고 매양 자신을 돌아본다면 괜히 남을 부러워하며 기꺼이 스스로 포기하지는 않을 것이요, 단지 남만 질책하고 자신을 질책하지 않는 일은 없을 것이다."

## 4-18

공자께서 말씀하셨다. "부모를 섬김에 있어 허물을 완곡하게 간(諫)해야 하나니, 간하는 뜻을 표하였으나 부모가 따르지 않더라도 여전히 공경하고 거역하지 아니하며 근심할지언정 원망하지 않아야 하느니라."

子曰: "事父母하되 幾諫[1]이니 見志不從[2]이라도 又敬不違[3]하며 勞而不怨[4]이니라."

【독음】 자왈: "사부모기간, 현지부종, 우경불위, 로이불원."
【요지】 부모를 섬기며 허물을 간하는, 이상적인 태도를 설명함.

**주석**

1) 幾諫(기간) : 은근하고 완곡하게 간함. '기'는 '미(微)', 즉 경미함 · 은미(隱微)함.
2) 見志不從(현지부종) : 자신이 간하는 뜻을 표하였으나 부모가 따르지 않는다는 말. 일설에는 부모의 뜻에 자신의 간언(諫言)을 따르지 않는 기색이 보임을 이른다고 하나 자연스럽지 못함. '현'은 표현함.
3) 又(우) : 여기서는 '여전히'의 뜻. 違(위) : 어김, 거스름. 곧 감히 부모의 뜻을 거슬러 자신의 간언을 관철함을 이름.
4) 勞(로) : 근심함, 걱정함. 일설에는 힘듦, 노고(勞苦)함이라고 하나 진정한 효자라면 부모의 과오가 쉽게 고쳐지지 않는데 대해 심히 걱정하며 가슴 아파할지언정 자신의 거듭된 간언이 받아들여지지 않음을 힘들어하고 괴로워함은 옳지 않을 것임.

**주자의 한 마디**

○ 이 장은 『예기(禮記)』「내칙편(內則篇)」의 말과 서로 표리(表裏)를 이룬다. 여기서 '기(幾)'는 '미(微)' 즉 은미함 · 은근함이니, '미간(微諫)'이란 「내칙편」에 이른바 부모에게 과오가 있거든 기운을 내리고 얼굴빛을 온화하게 하여 부드러운

소리로 간한다는 것이다. 또 '현지부종, 우경불위(見志不從, 又敬不違)'란 「내칙편」에 이른바 간하는 말이 만약 받아들여지지 않으면 더욱 공경하고 더욱 효도하여 부모가 기뻐하시면 그때 다시 간한다는 것이요, '노이불원(勞而不怨)'이란 「내칙편」에 이른바 부모가 그 마을이나 고을에서 죄를 짓게 하기보다는 차라리 거듭 간하여야 할 것인바 만약 부모가 노하고 기뻐하지 않으며 매질을 하여 피가 흐를지라도 감히 미워하고 원망하지 아니 하고 더욱 공경하고 더욱 효도한다는 것이다.

## 4-19

공자께서 말씀하셨다. "부모가 살아 계시거든 멀리 가지 않으며, 부득이 멀리 가야 할 때는 반드시 행선지가 있어야 하느니라."

子曰: "父母在어시든 不遠遊하며 遊必有方[1]이니라."

【독음】 자왈: "부모재, 불원유, 유필유방."
【요지】 자식 된 자는 자신의 출타로 인해 부모가 근심하는 마음을 헤아릴 줄 알아야 함.

**주석**

1) 方(방) : 일정한 지방, 방향, 행선지.

**주자의 한 마디**

○(자식이) '유필유방(遊必有方)'해야 하는 까닭은 ……부모가 반드시 자신의 소재를 알고 걱정하지 않으며, 자신을 부르면 반드시 돌아와 부모가 실망하지 않도록 해야 하기 때문이다.

○범씨가 말하였다. "자식이 능히 부모의 마음을 자신의 마음으로 삼아 깊이 헤아린다면 그것이 바로 효(孝)이다."

## 4-20

공자께서 말씀하셨다. "그 아버지가 죽은 후 아들이 죽은 아버지의 처사(處事) 원칙을 3년 동안은 고치지 않아야 비로소 효성스럽다고 할 수 있느니라."

子曰: "三年을 無改於父之道라야 可謂孝矣니라."

【독음】 자왈: "삼년무개어부지도, 가위효의."
【요지】 부모 사후(死後) 효행(孝行)의 일례를 설명함.

**주자의 한 마디**

○호씨가 말하였다. "이는 첫 편(篇)에 이미 보였으니(*1-11 참조), 중복해서 출현한 것인데 절반은 빠져 있다."

## 4-21

공자께서 말씀하셨다. "부모님의 연세는 늘 기억하지 않을 수 없나니 한편으론 그만큼 장수하신 것을 알고 기뻐하고, 한편으론 그만큼 노쇠하신 것을 알고 두려워하게 되느니라."

**子曰: "父母之年은 不可不知也[1]니 一則以喜[2]요 一則以懼[3]니라."**

【독음】 자왈: "부모지년, 불가부지야. 일즉이희, 일즉이구."

【요지】 자식은 부모가 날로 연로해 가므로 항상 깊은 관심을 가지고 그때그때 효도를 다해야 함.

### 주석

1) 知(지) : 지(識)와 통함. 기억함.
2) 以(이) : 그로 인해, 그 때문에. 喜(희) : 부모가 그만큼 장수하였음을 기뻐한다는 뜻.
3) 懼(구) : 부모가 그만큼 노쇠하였음을, 곧 여생이 많지 않음을 두려워한다는 뜻.

### 주자의 한 마디

○ 늘 부모의 연세를 기억하면 그만큼 오래 사신 것을 기뻐하게 되고, 또 그만큼 노쇠하신 것을 두려워하여 남은 날들을 아끼는 정성이 일어 절로 그만둘 수 없게 될 것이다.

## 4-22

공자께서 말씀하셨다. "옛날 사람들이 말을 함부로 하지 않은 것은 자신의 행동이 따르지 못함을 부끄럽게 여겼기 때문이니라."

子曰: "古者言之不出[1]은 恥躬之不逮也[2]니라."

【독음】 자왈: "고자언지불출, 치궁지불태야."
【요지】 사람은 말만 앞세워서는 아니 되며 반드시 언행이 일치하도록 해야 함.

### 주석

1) 古者(고자) : 옛날 사람. 일설에는 옛날에.
2) 躬(궁) : 궁행(躬行), 즉 몸소 실행함. 또 자신의 행동. 逮(태) : 미침[及], 따라감.

### 주자의 한 마디

○ 범씨가 말하였다. "군자는 부득이한 연후에야 비로소 말을 하나니, 그것은 말하기가 어려워서가 아니라 행하기가 어렵기 때문이다."

## 4-23

공자께서 말씀하셨다. "언행을 절제하는데도 잘못을 하는 사람은 드무니라."

子曰: "以約失之者[1]는 鮮矣[2]니라."

【독음】 자왈: "이약실지자선의."
【요지】 사람은 언행을 절제함으로써 과오를 줄여야 함.

**주석**

1) 約(약) : 제약함, 절제함. 失之(실지) : 과오, 과실을 범한다는 뜻.
2) 鮮(선) : 드묾, 적음.

**주자의 한 마디**

○윤씨가 말하였다. "범사에 언행을 절제하면 과실이 적나니 단지 절제만을 말한 것이 아니다."

## 4-24

공자께서 말씀하셨다. "군자는 말은 삼가고 일은 민첩하게 하고자 하느니라."

子曰: "君子는 欲訥於言而敏於行[1]이니라."

【독음】 자왈: "군자욕눌어언이민어행."

【요지】 사람은 말은 삼가되 일은 부지런히 해야 함.

**주석**

1) 訥(눌) : 말을 어눌하게 함. 여기서는 말을 신중하게 한다는 뜻. 敏(민) : 민첩함. 여기에는 또 부지런히 힘쓴다는 뜻을 내포함. 行(행) : 행동, 일.

**주자의 한 마디**

○사씨가 말하였다. "함부로 말하기는 쉽다. 그러므로 말함에 삼가고자 하는 것이다. 반면에 힘써 행하기는 어렵다. 그러므로 일함에 민첩하고자 하는 것이다."

## 4-25

공자께서 말씀하셨다. "덕(德)이 있는 사람은 외롭지 않으며 반드시 유유상종하는 많은 이웃이 있느니라."

子曰: "德不孤며 必有隣[1]이니라."

【독음】 자왈: "덕불고, 필유린."
【요지】 도덕 수양의 필요성과 효용성을 강조함.

**주석**

1) 必有隣(필유린) : 반드시 주위에 많은 이웃, 즉 마음이 맞고 뜻이 통하는 많은 벗이 있어 그 덕행을 흠모해 가까이 다

가와 믿고 따름을 이름.

**주자의 한 마디**

○ 유덕자(有德者)는 외롭지 않으며 반드시 동류(同類)가 감응한다.

## 4-26

자유(子游)가 말했다. "임금을 섬김에 지나치게 자주 간언(諫言)을 하면 모욕을 당하고, 벗을 사귐에 지나치게 자주 충고를 하면 서로 멀어지게 되느니라."

子游曰: "事君數[1]이면 斯辱矣[2]요 朋友數이면 斯疏矣[3]니라."

【독음】 자유왈: "사군삭, 사욕의; 붕우삭, 사소의."

【요지】 임금을 섬기고 벗을 사귐에 있어 무절제한 책선(責善, 착하고 좋은 일을 하도록 권함)은 경계해야 함.

**주석**

1) 數(삭) : (지나치게) 자주. 다만 여기서 그 대상이 되는 행위에 대해서는 구체적인 언급이 없는데, 대략 '책선'을 이르는 것으로 보임. 『예기(禮記)』「곡례하편(曲禮下篇)」에서 "신하된 자의 '예'는 임금의 허물을 드러내놓고 간하지 않는

것이나 재삼 간하여도 듣지 않으면 그 임금을 떠나야 한다.(爲人臣之禮, 不顯諫, 三諫而不聽, 則逃之)"고 하였고, 공자가 「안연편(顔淵篇)」에서 교우(交友)의 이치를 묻는 자공(子貢)에게 "성심으로 충고해 벗을 선도하되 여의치 않으면 그만두어 모욕을 자초하지 마라.(忠告而善道之, 不可則止, 毋自辱焉)"(12-23)고 함.

2) 斯(사) : 곧, 바로. 곧 '~하면 곧 ~하게 될 것'이라는 뜻.

3) 疏(소) : 소원(疏遠)해짐, 멀어짐.

### 주자의 한 마디

○ 범씨가 말하였다. "군신(君臣)과 붕우(朋友)는 모두 도의(道義)로써 결합한다. 그러므로 그 사리(事理)가 같은 것이다." (역주/ 두 경우에 모두 만약 도의가 받아들여지지 않는다면 책선을 멈추고, 또 필요하면 상대로부터 떠나라는 말임)

# 제5편 공야장(公冶長)

「공야장편」은 모두 28장이다. 다만 하안(何晏) 『논어집해(論語集解)』에서는 제10장의 "자왈: 시오어인야.(子曰: 始吾於人也)" 이하를 별도의 장으로 나누어 모두 29장이고, 주자 『집주』에서는 제1・2장을 한 장으로 합쳐 모두 27장이다. 이 편은 대체로 고금 인물의 위인(爲人) 현우(賢愚)와 행사(行事) 득실에 대한 논평을 위주로 하고 있어 공자의 인생관과 가치관의 면면을 엿볼 수 있다.

## 5-1

공자께서 공야장(公冶長)에 대해 말씀하시기를 "사위로 삼을 만하다. 그가 비록 감옥에 간힌 적은 있으나 그건 그의 죄가 아니었노라."고 하시고 따님을 그에게 시집보내셨다.

子謂公冶長[1]하사되 "可妻也[2]로다. 雖在縲絏之中[3]이나 非其罪也라."하시고 以其子[4]로 妻之하시다.

【독음】 자위공야장, "가처야. 수재류설지중, 비기죄야." 이기자처지.

【요지】 제자 공야장의 사람됨에 대한 공자의 평가는 그를 사위로 삼을 정도였음.

**주석**

1) 謂(위) : 말함. 여기서는 평(評)한다는 뜻을 내포함. 公冶長(공야장) : 공자의 제자로, 나중에 사위가 됨. '공야'는 복성(複姓), '장'은 이름. 제(齊)나라 사람, 일설에는 노나라 사람.

2) 妻(처) : 여기서는 동사로 쓰임. 딸을 시집보내 그의 아내가 되게 한다는, 즉 사위를 삼는다는 뜻.

3) 縲絏(유설) : 죄인을 포승으로 묶어 구금함. 여기서는 감옥을 이름. '유'는 죄인을 묶는 검은색의 포승. '설'은 (죄인을) 묶음.

4) 子(자) : 옛날에 아들과 딸을 통틀어 이르던 말. 여기서는 딸을 가리킴.

**주자의 한 마디**

○ 공자께서 그를 사위 삼을 만하다고 칭찬하셨으니, 그에게 분명 취할 만한 점이 있었을 것이다.

○ 죄가 있고 없음은 오직 자기 자신에게 달려 있을 뿐이거늘 어찌 밖으로부터 이르는 것을 가지고 영욕으로 삼겠는가?

## 5-2

공자께서 남용(南容)에 대해 말씀하시기를 "나라에 바른 도가 행해질 때에는 버림받지 않을 것이며, 설령 나라에 바른 도가 행해지지 않을 때라도 형벌은 면할 것이니라."고 하시고 형님의 따님을 그에게 시집보내셨다.

子謂南容[1]하사되 "邦有道[2]에 不廢[3]하며 邦無道[4]에 免於刑戮[5]이라."하시고 以其兄之子[6]로 妻之하시다.

【독음】 자위남용, "방유도, 불폐; 방무도, 면어형륙." 이기형지자처지.

【요지】 제자 남용의 현덕(賢德)에 대한 공자의 평가는 그를 질서(姪壻)로 삼을 정도였음.

**주석**

1) 南容(남용) : 공자의 제자 남궁도(南宮縚). 노나라 사람으로 '남궁'은 복성(複姓), 이름은 '도(韜)'로도 쓰며, 자는 자용(子容). 대개 '남용'으로 통칭함.(*11-6에도 보임)

2) 邦有道(방유도) : 임금이 어질고 나라에 바른 도가 행해져 세상이 잘 다스려짐, 즉 치세(治世)를 이르는 말.
3) 廢(폐) : 인재가 버려져 관직에 등용되지 않음을 이름.
4) 邦無道(방무도) : 임금이 어리석고 나라에 바른 도가 행해지지 않아 세상이 어지러움, 즉 난세(亂世)를 이르는 말.
5) 刑戮(형륙) : 형벌.
6) 其兄(기형) : 공자의 이복(異腹) 형 맹피(孟皮)를 가리킴. 그가 이때 이미 죽고 없었으므로 공자가 대신 질녀의 혼사를 주관한 것임.

**주자의 한 마디**

○ 그(남용)는 언행을 삼갔으므로 치세에는 등용이 되고, 난세에는 화를 면할 수 있었다.

## 5-3

공자께서 자천(子賤)에 대해 말씀하셨다. "군자로다, 이러한 사람은! 한데 노나라에 군자가 없었다면 이 사람이 어디에서 이 같은 덕행(德行)을 본받았겠느냐?"

子謂子賤[1]하사되 "君子哉라 若人[2]이여! 魯無君子者[3]면 斯焉取斯[4]리오?"

【독음】 자위자천, "군자재약인! 로무군자자, 사언취사?"

【요지】 제자 자천의 군자다움을 칭찬함과 동시에 현인 군자가 많은 노나라의 좋은 환경을 높이 평가함.

**주석**

1) 子賤(자천) : 공자의 제자 복부제(宓不齊). '자천'은 그의 자(字). 노나라 사람으로 공자보다 49살이 적었음.
2) 若人(약인) : 이와 같은 사람. 일설에는 이 사람, 그 사람.
3) 者(자) : 가정(假定)의 어기(語氣)조사.
4) 斯(사) : (앞) 이 사람, 즉 자천을 가리킴. 일설에는 즉(則)과 같음. (뒤) 이러한 덕(德), 즉 군자의 덕성을 가리킴. 焉(언) : 어디서, 어떻게. 取(취) : 본받음.

**주자의 한 마디**

○ 복자천은 아마도 능히 현인을 존경하고 훌륭한 벗을 본받으며 군자의 덕성을 이룬 사람이었을 것이다.

## 5-4

자공이 여쭈었다. "저는 어떻습니까?" 공자께서 말씀하셨다. "너는 비유하자면 그릇이니라." 자공이 말했다. "어떤 그릇입니까?" 공자께서 말씀하셨다. "종묘의 호련(瑚璉)이니라."

子貢이 問曰: "賜也[1]는 何如하니잇고?" 子曰: "女[2]는 器也[3]니라." 曰: "何器也잇고?" 曰: "瑚璉也[4]니라."

【독음】 자공문왈: “사야하여?” 자왈: “여, 기야.” 왈: “하기야?” 왈: “호련야.”

【요지】 자공을 나라의 동량재(棟梁材, 기둥과 들보로 쓸 만한 재목이라는 뜻으로 한 집안이나 한 나라를 떠받치는 중대한 일을 맡을 만한 인재를 이르는 말), 낭묘재(廊廟材, 조정의 정무를 돌보던 궁전의 재목이라는 뜻으로 역시 나라의 중책을 맡을 만한 인재를 이르는 말)로 평가함.

### 주석

1) 賜(사) : 자공의 이름.
2) 女(여) : 여(汝)와 같음. 이인칭대명사 너.
3) 器(기) : 그릇. 모든 그릇은 그 나름의 쓰임새가 있으니, 여기서는 이로써 자공이 쓸모 있는 재목, 인재임을 비유함.
4) 瑚璉(호련) : 옛날 종묘에서 곡식을 담던 제기(祭器). 옥으로 장식하여 그릇 중에서도 화려하고 귀중한 것이었다고 함.

### 주자의 한 마디

○자공이 비록 아직 '불기(不器)'(2-12)의 경지에 이르지는 못하였으나 그 또한 분명 그릇 가운데 귀중한 것이었으리라.

## 5-5

어떤 사람이 말했다. “염옹(冉雍)은 인(仁)하나 말재간이 없습니다.” 공자께서 말씀하셨다. “어째서 군이 말재간이 있어야 한단 말인가? 교묘한 말재간으로 남들과 맞서며 누차에 걸쳐 사람들에게 미움을 살 뿐이나니 염옹이 인한지는 모르겠으나 왜 굳이 말재간이 있어야 한단 말인가?"

或曰: "雍也[1]는 仁而不佞[2]이로다." 子曰: "焉用佞[3]이리오? 禦人以口給[4]하야 屢憎於人하나니 不知其仁[5]이어니와 焉用佞이리오?"

【독음】 혹왈: "옹야인이불녕." 자왈: "언용녕? 어인이구급, 루증어인. 부지기인, 언용녕?"

【요지】 사람에게 교변(巧辯)의 말재간은 전혀 불필요할뿐더러 오히려 남의 미움만 살 뿐임.

### 주석

1) 雍(옹) : 공자의 제자 염옹(冉雍). 자는 중궁(仲弓). 노나라 사람으로, 공자보다 29살이 적었음.
2) 佞(녕) : 언변, 말재간이 있음.
3) 焉(언) : 어찌하여, 하필(何必).
4) 禦(어) : 막음, 맞섬, 대항함. 여기서는 논박한다는 뜻을 내포함. 以(이) : ~로써. 여기서는 의지한다는 뜻을 내포함. 口給(구급) : '급'의 본뜻은 풍족함. 또 민첩함. '구급'은 곧 말이 재빠르고 막히거나 궁(窮)함이 없다는 뜻. 여기서는 특히 억지스러우면서도 날카로운 교변의 말재간을 가리킴.
5) 不知其仁(부지기인) : 그(염옹)의 인덕(仁德) 수양이 어느 정도인지 모른다는 말. 여기서 공자가 모른다고 한 것은 정말로 몰라서가 아니라 염옹이 아직 '인'의 경지에 이르지 못하였음을 에둘러 이른 것임.

**주자의 한 마디**

○대개 중궁의 사람됨이 중후하고 과묵하였으나 당시 사람들은 언변이 좋은 것을 훌륭하게 여겼으므로 그가 덕성이 뛰어난 것을 찬미하면서도 언변이 부족한 것을 흠으로 생각한 것이다.

○말 잘하는 사람은 남에게 응답할 때 단지 그 말재주로 변설(辨說)에만 열을 올려 진정과 진실이 결여되므로 괜히 사람들에게 미움을 사는 일만 많을 따름이다.

## 5-6

공자께서 칠조개(漆彫開)에게 벼슬을 하라고 하시니 그가 대답하였다. "저는 아직 벼슬살이에 자신이 없습니다." 그러자 공자께서 기뻐하셨다.

子使漆彫開[1]로 仕하신대 對曰: "吾斯之未能信[2]이옵니다."하니 子說[3]하시다.

【독음】 자사칠조개사. 대왈: "오사지미능신." 자열.

【요지】 공자가 영록(榮祿)의 추구에 급급하지 않고 아직은 부족한 향학(向學) 수도(修道)에 더욱 정진하고자 하는 칠조개의 훌륭한 인품에 매우 흡족해 함.

**주석**

1) 漆彫開(칠조개) : 공자의 제자. '칠조'는 복성, 이름은 계(啓),

자는 자개(子開). 일설에는 이름은 개(開), 자는 자약(子若)이라고 함. 노나라 사람으로, 공자보다 11살이 적었음.

2) 吾斯之未能信(오사지미능신) : '오미능신사(吾未能信斯)'의 도치. '오'는 칠조개의 자칭. '사'는 차(此)와 같은 뜻으로, 여기서는 출사(出仕)를 가리킴. '지'는 목적어를 동사 앞에 놓아 도치시키면서 쓴 어조사.

3) 說(열) : 열(悅)과 같음. 기뻐함.

**주자의 한 마디**

○사씨가 말하였다. "성인이 그로 하여금 출사케 하셨으니 필시 그 재목이 벼슬할 만하였을 것이다. ……하지만 그 재기(才器)는 작은 성취에 안주하지 않았나니 훗날의 성취를 어찌 헤아릴 수 있겠는가? 공자께서 바로 그 때문에 기뻐하신 것이다."

## 5-7

공자께서 말씀하셨다. "세상에 바른 도(道)가 행해지지 않으니 뗏목이나 타고 바다를 떠다닐까 하나니 나를 따를 사람은 아마도 유(由)일 것이다!" 자로가 그 말을 듣고 기뻐하거늘 공자께서 말씀하셨다. "유는 용맹을 좋아함이 나를 능가하지만 그다지 취할 바는 못되도다!"

子曰: "道不行[1]이라 乘桴[2]하야 浮于海[3]호리니 從我者

는 其由與[4]인저!" 子路聞之하고 喜한대 子曰: "由也는 好勇[5]이 過我나 無所取材[6]로다!"

【독음】 자왈: "도불행, 승부부우해, 종아자, 기유여!" 자로문지희. 자왈: "유야호용과아, 무소취재!"

【요지】 공자가 당신의 이상을 실현할 수 없는 현실을 개탄하는 한편 자로의 호용(好勇)이 만용(蠻勇)의 기질을 띠는 것을 각성 경계시킴.

**주석**

1) 道不行(도불행) : (공자의) 학설이 행해지지 않고 이상이 실현되지 않음을 이름.
2) 桴(부) : 옛날에 대나무나 목재를 엮어 만든 뗏목으로, 큰 것은 '벌(筏)'이라 하고, 작은 것을 '부'라고 함.
3) 浮于海(부우해) : 바다를 떠다님, 또는 건넘. 이는 공자가 '도불행'의 시속(時俗)에 대한 개탄의 감정을 의탁한 것으로 보임.
4) 其(기) : 추측의 뜻을 나타내는 부사. 由(유) : 자로의 이름. 與(여) : 여(歟)와 같음. 문장 끝에 쓰이는 의문의 어기조사.
5) 好勇(호용) : 용기를 부리는 것을 좋아함.
6) 無所取材(무소취재) : (자로의 지나친 용기를) 취할 바가 못 된다는 뜻. '재'는 감탄의 어기조사 재(哉)와 같음.

**주자의 한 마디**

○ 정자께서 말씀하셨다. "바다를 떠다니겠다는 공자의 탄식은 천하에 현군(賢君)이 없음을 슬퍼하신 것이요, 자로가 도

의(道義)에 용감하였으므로 당신을 따라올 것이라고 하셨는데, 이는 모두 가설의 말씀일 뿐이다. 한데 자로가 실제로 그런 줄 알고 선생님께서 자신을 인정해 칭찬하셨다고 기뻐하였기 때문에 공자께서 그의 용맹을 찬미하신 한편 그가 사리(事理)를 헤아려 도의에 맞게 처신하지 못함을 나무라신 것이다."

## 5-8

맹무백(孟武伯)이 여쭈었다. "자로는 인(仁)합니까?" 공자께서 말씀하셨다. "모르겠소." 그가 다시 (그러면 자로가 어떤 사람인지를) 여쭙자 공자께서 말씀하셨다. "중유(仲由)는 제후의 나라에서 군사 업무를 맡아보게 할 만은 하나 그가 인한지 어떤지는 모르겠소이다." "염구(冉求)는 어떻습니까?" 공자께서 말씀하셨다. "염구는 천 호(戶)의 대읍(大邑)이나 100대의 병거를 보유한 경대부(卿大夫)의 채읍(采邑)에서 읍장(邑長)이나 가신(家臣) 노릇을 할 만은 하나 그가 인한지 어떤지는 모르겠소." "공서적(公西赤)은 어떻습니까?" 공자께서 말씀하셨다. "공서적은 예복을 갖춰 입고 조정에 서서 외국의 사절들을 접대하게 할 만은 하나 그가 인한지 어떤지는 모르겠소."

孟武伯이 問: "子路는 仁乎잇가?" 子曰: "不知也[1]로라." 又問[2]한대 子曰: "由也는 千乘之國[3]에 可使治其

賦也[4]어니와 不知其仁也로라." "求也[5]는 何如하니잇고?"
子曰: "求也는 千室之邑[6]과 百乘之家[7]에 可使爲之宰也[8]어니와 不知其仁也로라." "赤也[9]는 何如하니잇고?"
子曰: "赤也는 束帶立於朝[10]하야 可使與賓客言也[11]어니와 不知其仁也로라."

【독음】 맹무백문: "자로인호?" 자왈: "부지야." 우문. 자왈: "유야, 천승지국, 가사치기부야, 부지기인야." "구야하여?" 자왈: "구야, 천실지읍, 백승지가, 가사위지재야, 부지기인야." "적야하여?" 자왈: "적야, 속대립어조, 가사여빈객언야, 부지기인야."

【요지】 자로, 염구, 공서적이 비록 인덕(仁德)을 갖추었다고는 할 수 없으나 각기 나름의 특장(特長)이 있음을 강조함.

**주석**

1) 不知也(부지야) : 곧 '부지기인야(不知其仁也)'와 같은 말. 여기서 공자가 이같이 말한 뜻은 *5-5에서의 경우와 같음.
2) 又問(우문) : '그렇다면 자로는 어떤 사람입니까'라고 또 묻는다는 뜻.
3) 千乘之國(천승지국) : *1-5 주석 1 참조.
4) 治(치) : 관장(管掌)함, 주관함. 賦(부) : 병부(兵賦), 군부(軍賦). 곧 군사상의 조세(租稅)나 부역. 여기서는 이로써 군사 업무를 통칭함.
5) 求(구) : 염유(冉有)의 이름.
6) 千室之邑(천실지읍) : 천 호(戶)의 인가가 모여 사는 고을. 옛날의 '읍'은 군주가 직접 관할하는 공읍(公邑)과 공신(功臣)을 분봉(分封)해 관할케 하는 채읍(采邑, 식읍食邑 · 채지

采地·봉지封地라고도 함)으로 나뉘는데, 여기서는 전자를 가리킴. 대읍(大邑)은 천실이나 만실(萬室)에 이르고 소읍(小邑)은 십실(十室)도 있었다고 함.

7) 百乘之家(백승지가) : 병거(兵車) 100대를 보유한 경대부(卿大夫)의 채읍. '가'는 경대부의 채읍을 일컫는데, 대개 가재(家宰) 즉 가신(家臣)을 두어 정무(政務)를 관장케 함. 제후의 영토는 '국(國)'이라고 함.

8) 之(지) : 기(其)와 같음. 곧 '천실지읍'과 '백승지가'를 가리킴. 宰(재) : 옛날 현(縣)·읍(邑)의 장(長)이나 경대부의 가신을 일컫던 말.

9) 赤(적) : 공자의 제자로, 성(姓)은 공서(公西), 이름이 '적'. 자(字)는 자화(子華). 흔히 '공서화(公西華)'로 일컫기도 함. 노나라 사람으로 공자보다 42살이 적었음.

10) 束帶(속대) : 띠를 맴. 예복을 갖추어 입는다는 말.

11) 賓客(빈객) : 여기서는 외국 사절(使節)을 가리킴.

**형병(邢昺)의 한 마디**

○ 이 장은 공자께서 사람이 인하기가 대단히 어려움을 밝히신 것이다.(『논어주소論語注疏』)

## 5-9

공자께서 자공에게 말씀하셨다. "너와 안회(顔回)를 비교하면 누가 더 나으냐?" 자공이 대답하였다. "제가 어찌 감히 안회와 견주겠습니까? 안회는 하나를 들으면 열을 알지만 저는 하나를 들으면 둘을 알 뿐입니다." 공자께서 말씀하셨다. "그래, 네가 안회만 못하니라. 아니, 너와 내가 모두 안회만 못하느니라."

子謂子貢曰: "女與回也[1]로 孰愈[2]오?" 對曰: "賜也何敢望回[3]리잇고? 回也는 聞一以知十하고 賜也는 聞一以知二하노이다." 子曰: "弗如也[4]니라. 吾與女가 弗如也[5]니라."

【독음】 자위자공왈: "여여회야숙유?" 대왈: "사야하감망회? 회야문일이지십, 사야문일이지이." 자왈: "불여야. 오여여불여야."

【요지】 스스로 안회보다 못함을 아는 자공의 현명함과 겸허함을 가상히 여김.

**주석**

1) 女(여) : 여(汝)와 같음. 너.
2) 孰(숙) : 누구. 愈(유) : 나음, 뛰어남.
3) 賜(사) : 자공의 이름. 望(망) : 견주어 봄.
4) 弗(불) : 불(不)과 같음.
5) 與(여) : ~와(과). 여기서 공자는 자기 자신을 아는 자공의 현명함과 겸허함을 가상히 여겨 기꺼이 '너와 내가 모두 안회만 못하다'고 함으로써 자공을 위로한 것으로 보임.

**주자의 한 마디**

○ '일(一)'이 수(數)의 시작이라면 '십(十)'은 수의 끝이요, '이

(二)'는 '일'의 대(對)이다. 안회는 밝은 지혜가 빛나는 인물로 시작 단계에서 바로 끝을 꿰뚫어보지만, 자공은 추측하여 알므로 이것에 근거해 저것을 아는 것이다.

○ 호씨가 말하였다. "'문일지십(聞一知十)'은 상지(上智)의 자질로 '생이지지(生而知之, 태어나면서부터 앎)'의 다음이요, '문일지이(聞一知二)'는 중등 인재 이상의 자질로 '학이지지(學而知之, 배워서 앎)'의 재질(才質)이다. 자공은 평소 자신을 안회에 견주어보고 스스로 미칠 수 없음을 알았기 때문에 이같이 비유한 것이다. 공자께서는 자공이 자신을 아는 현명함이 있는 데다 스스로 굽히기를 어려워하지 않았으므로 그 말을 옳게 여기시고 또 거듭 칭찬하신 것이다."

## 5-10

재여(宰予)가 대낮에 잠을 자거늘 공자께서 말씀하셨다. "썩은 나무는 조각할 수도 없고 더러운 흙담은 흙질할 수도 없나니, 재여의 저 같은 태도를 어찌 꾸짖으랴?" 공자께서 또 말씀하셨다. "처음에 나는 다른 사람에 대해 그의 말을 듣고 그의 행위를 믿었지만 이제는 다른 사람에 대해 그의 말을 듣고도 그의 행위를 살피나니 재여 때문에 그렇게 고쳤노라."

**宰予晝寢**[1]이어늘 **子曰**: "**朽木**은 **不可雕也**며 **糞土之牆**은 **不可杇也**[2]니 **於予與**[3]에 **何誅**[4]리오?" **子曰**[5]: "**始**

吾於人也에 聽其言而信其行이러니 今吾於人也에 聽其言而觀其行하노니 於予與에 改是[6]로라."

【독음】 재여주침. 자왈: "후목불가조야, 분토지장불가오야; 어여여하주?" 자왈: "시오어인야, 청기언이신기행; 금오어인야, 청기언이관기행. 어여여개시."

【요지】 재여의 나태함을 크게 나무라며 언행의 일치를 강조함.

**주석**

1) 宰予(재여) : 재아(宰我). 晝寢(주침) : 낮에 잠을 잠, 또는 낮에 침실에서 누워 있음.

2) 杇(오) : 흙손, 즉 이긴 흙 따위를 떠서 바르고 그 표면을 반반하게 하는 연장. 또 (흙손으로 벽에) 매흙이나 석회를 바름. 여기서는 후자.

3) 於(어) : (재여의 이런 태도)에 대하여. 與(여) : 여(歟)와 같은 어조사로, 야(也)에 상당하며 문장 가운데서 일시 멈춤의 어기(語氣)를 나타냄.

4) 誅(주) : 꾸짖음, 나무람.

5) 子曰(자왈) : 주자는 『집주』에서 호씨(胡氏)의 말을 인용해 이는 "연문(衍文)인 듯하다. 만약 그렇지 않으면 한날 하신 말씀이 아닐 것이다.(疑衍文. 不然, 則非一日之言也)"라고 하였는데, 전후 맥락상 이 다음 말은 다른 날 한 것으로 보임.

6) 改是(개시) : 이렇게 고쳤다는 뜻. '시'는 차(此)와 같은 지시대명사로, 처음에는 '청기언이신기행(聽其言而信其行)'했으나 지금은 '청기언이관기행(聽其言而觀其行)'함을 가리킴.

**주자의 한 마디**

○ 이는 그 지기(志氣)가 흐리고 나태하여 가르침을 베풀 것조차 없다고 하신 것이다.

○ 재여는 말은 잘 하였으나 행동이 미치지 못하였으므로 공자께서 재여의 일로 인해 당신의 과실을 고쳤다고 하셨으니, 거듭 나무라신 것이다.

## 5-11

공자께서 말씀하셨다. "나는 아직 강직한 사람을 보지 못하였노라." 어떤 사람이 대답하였다. "신정(申棖)이 그런 사람입니다." 공자께서 말씀하셨다. "신정은 사사로운 욕심이 많은데 어떻게 강직할 수 있겠는가?"

子曰: "吾未見剛者[1]로라." 或이 對曰: "申棖[2]이니이다." 子曰: "棖也는 慾[3]이어니 焉得剛[4]이리오?"

【독음】 자왈: "오미견강자." 혹대왈: "신정." 자왈: "정야욕, 언득강?"

【요지】 사사로운 욕심이 많아서는 강직할 수 없으니 진정으로 강직한 사람은 드묾.

**주석**

1) 剛者(강자) : 강의(剛毅)한, 즉 의지가 굳세고 강직하여 굽힘이 없는 사람.

2) 申棖(신정) : 공자의 제자. 노나라 사람으로, 자(字)는 자주(子周).
3) 慾(욕) : 사사로운 욕망·욕심이 많음을 이름.
4) 焉(언) : 어찌, 어떻게.

**주자의 한 마디**

○ 정자께서 말씀하셨다. "사람은 사욕(私慾)이 있으면 강직하지 못하고, 강직하면 사욕에 굴하지 않는다."

## 5-12

자공이 말했다. "저는 다른 사람이 저에게 하지 않았으면 하는 것을 저 역시 다른 사람에게 하지 않으려고 합니다." 공자께서 말씀하셨다. "사(賜)야, 그건 네가 쉽게 할 수 있는 것이 아니니라."

**子貢**이 **曰: "我不欲人之加諸我也**[1]를 **吾亦欲無加諸人**[2]하노이다." **子曰: "賜也**아 **非爾所及也**[3]니라."

【독음】 자공왈: "아불욕인지가저아야, 오역욕무가저인." 자왈: "사야, 비이소급야."

【요지】 자공이 다른 사람이 자신에게 하지 않았으면 하는 것은 자신도 남에게 하지 않으려고 하지만 그가 아직은 그렇게 할 수 있는 경지에 이르지 못했다는 말로 도덕의 수양에 더욱 정진할 것을 책려(策勵)함.

**주석**

1) 加(가) : 여기서는 어떤 행위를 함. 諸(저) : 어조사로, 지어(之於)의 합성어.

2) 無(무) : 없음. 여기서는 자제한다는 뜻을 나타냄.

3) 爾(이) : 여(汝)와 같은 이인칭대명사. 너, 그대. 及(급) : 미침. 여기서는 ~을 (쉽게) 할 수 있다는 뜻.

**주자의 한 마디**

○정자께서 말씀하셨다. "다른 사람이 나에게 하지 않았으면 하는 것을 나 또한 다른 사람에게 하는 일이 없도록 하려고 함은 '인(仁)'이요, 자기 자신에게 해보고 싶으면 남에게도 하지 않도록 하는 것은 '서(恕)'인바 '서'는 자공이 혹 힘쓸 수 있으나 '인'은 그가 미칠 수 있는 바가 아니다. 생각건대 '무(無)' 즉 '~함이 없음'은 자연히 그렇게 하는 것이요, '물(勿)' 즉 '~하지 않음[맒]'은 그렇게 하지 못하게 한다는 말인데, 이것이 곧 '인'·'서'가 나뉘는 까닭이다."

## 5-13

자공이 말하였다. "지금까지 선생님께서 옛 경전에 관해 말씀하시는 것은 들을 수 있었으나 인성(人性)과 천도(天道)에 관해 말씀하시는 것은 들을 수가 없었도다!"

子貢이 曰: "夫子之文章[1]은 可得而聞也어니와 夫子

之言性與天道[2]는 不可得而聞也[3]니라."

【독음】 자공왈: "부자지문장, 가득이문야; 부자지언성여천도, 불가득이문야."

【요지】 자공이 인성(인간의 본성)과 천도에 관한 공자의 지극한 가르침에 감탄을 금치 못함.

### 주석

1) 文章(문장) : 시(詩)·서(書)·예(禮)·악(樂) 등의 유가 경전을 지칭하는데, 그것은 모두 공자가 심혈을 기울여 정리하고 전술(傳述)한 고대 문헌임.

2) 性(성) : 인성(人性) 즉 인간의 본성, 천성(天性). 天道(천도) : 천체 운행과 자연 변화의 법칙. 고대인들이 말하는 '천도'의 근저에는 인간사회의 길흉화복을 주재한다는 관념이 깔려 있음.

3) 不可得而聞也(불가득이문야) : 과거에는 듣지 못하던 것을 처음으로 듣고 감탄했다는 말.

### 주자의 한 마디

○공자께서 옛 경전에 관해서는 날마다 말씀을 하시어 당연히 배우는 사람들이 모두 함께 들을 수 있었으나 인성과 천도에 관해서는 아주 드물게 말씀하셨기 때문에 배우는 사람 가운데는 듣지 못한 이들이 있었다. 이는 대개 성인(聖人) 문하의 가르침은 등급을 뛰어넘지 않은 까닭인바, 자공은 이때에 비로소 그것을 들을 수 있었으며 또한 그 훌륭함에 감탄을 금치 못한 것이다.

## 5-14

자로는 들은 것이 있으나 그것을 미처 실행하지 못하면 새로운 것을 또 들을까 몹시 두려워하였다.

子路는 有聞[1]이나 未之能行[2]이면 唯恐有聞[3]하더라.

【독음】 자로유문, 미지능행, 유공유문.
【요지】 자로는 선(善)을 들으면 아주 열심히 실행하려고 함.

**주석**

1) 有聞(유문) : 들은 바가 있음. 이는 자로가 공자에게 도(道)에 관해서 들은 것을 두고 이름.
2) 未之能行(미지능행) : '미능행지(未能行之)'의 도치. 부정문에서 동사 '행'의 목적어 '지'를 전치(前置)한 경우.
3) 唯(유) : 유독, 특히. 또는 몹시. 有(유) : 우(又)와 같음. 또.

**주자의 한 마디**

○ 이전에 들은 것을 아직 실행하지 못하였기 때문에 다시 새로운 것을 들어서 그것을 실행할 겨를이 없을까 두려워한 것이다.

## 5-15

자공이 여쭈었다. "공문자(孔文子)를 왜 '문(文)'이라고 시호

(諡號)하였습니까?" 공자께서 말씀하셨다. "그가 영민하면서도 배우기를 좋아하고 또 자기보다 못한 사람에게 묻는 것을 부끄러워하지 않았기 때문에 '문'이라고 시호한 것이니라."

子貢이 問曰: "孔文子[1]를 何以謂之文也잇고?" 子曰: "敏而好學[2]하며 不恥下問[3]이라 是以謂之文也[4]니라."

【독음】 자공문왈: "공문자하이위지문야?" 자왈: "민이호학, 불치하문, 시이위지문야."

【요지】 공문자의 학문하는 태도를 높게 평가하며 호학(好學)과 호문(好問)의 중요성을 강조함.

**주석**

1) 孔文子(공문자) : 위(衛)나라 대부(大夫) 공어(孔圉). '문'은 그의 시호.
2) 敏(민) : 영민(英敏), 총민(聰敏), 명민(明敏). 곧 영특・총명하고 민활(敏活)함.
3) 不恥下問(불치하문) : 자기보다 못한 사람에게 묻는 것을 수치로 여기지 않음. '하'는 지위나 재학(才學), 덕행, 나이 등이 자기보다 못한 사람을 두고 이른 말.
4) 是以(시이) : 그래서, 그렇기 때문에.

**주자의 한 마디**

○ 대개 사람은 성품이 영민하면 배우기를 좋아하지 않는 이가 많고, 지위가 높으면 아랫사람에게 묻는 것을 부끄러워하는 이가 많다. 그러므로 시법(諡法)에 배우기를 부지런히

하고 묻기를 좋아함을 '문(文)'이라 한다고 하였다.

## 5-16

공자께서 자산(子産)에 대해 말씀하셨다. "군자의 도(道) 네 가지를 갖추었으니, 스스로 처신하기를 겸손하게 하고 임금을 섬김에는 성심으로 공경하며, 백성을 기름에는 은혜를 다하고 백성을 부림에는 도의에 맞게 하였느니라."

**子謂子産**[1]하시되 "**有君子之道四焉**[2]이니 **其行己也恭**[3]하며 **其事上也敬**[4]하며 **其養民也惠**하며 **其使民也義**[5]니라."

【독음】 자위자산, "유군자지도사언: 기행기야공, 기사상야경, 기양민야혜, 기사민야의."

【요지】 자산이 군자의 현덕(賢德)을 지녔음을 찬미함.

### 주석

1) 子産(자산) : 춘추시대 정(鄭)나라 대부(大夫)로 현상(賢相)이었던 공손교(公孫僑). '자산'은 그의 자(字). 고대 중국의 뛰어난 정치가이자 외교관이었음.

2) 道(도) : 도리(道理). 곧 처신 행사(處身行事)의 규범, 준칙.

3) 行己(행기) : 행신(行身), 처신(處身). 恭(공) : 겸공(謙恭)함, 겸손함.

4) 事上(사상) : 윗사람을 섬김. 여기서 공자가 말한 '군자의 도'는 위정(爲政) 방면에 초점이 맞추어져 있는 것으로 보이며, 따라서 이른바 '윗사람'도 임금으로 이해함이 적절함. 敬(경) : 성경(誠敬), 즉 성심으로 공경함. 주자는 '근각(謹恪)', 즉 몸가짐과 마음가짐을 조심함이라고 함.

**주자의 한 마디**

○ 오씨(吳氏)가 말하였다. "그 일을 일일이 열거하여 나무라는 것은 그에게 선(善)함이 많은 경우이니 장문중(臧文仲)이 인(仁)하지 못한 것이 세 가지이고 지혜롭지 못한 것이 세 가지라고 한 것이 바로 그것이다.(역주/『좌전(左傳)』「문공(文公) 2년」에 보임) 반면 그 일을 일일이 열거하여 칭찬하는 것은 그에게 오히려 미흡함이 있는 경우이니 자산이 군자의 도 네 가지를 갖추고 있었다고 한 것이 바로 그것이다. 오늘날 혹 한 마디 말로 한 사람을 평가하고 한 가지 일로 한 때를 평가하는 이들이 있는데, 그것은 모두 잘못이다."

## 5-17

공자께서 말씀하셨다. "안평중(晏平仲)은 사람들과 사귀기를 잘하는구나. 사귐이 오래될수록 사람들이 더욱 그를 공경하도다!"

子曰: "晏平仲[1]은 善與人交로다. 久而敬之[2]온여!"

【독음】 자왈: “안평중선여인교, 구이경지!”
【요지】 안평중이 유덕(有德)하여 남과 잘 사귐을 칭송함.

**주석**

1) 晏平仲(안평중) : 제(齊)나라 대부 안영(晏嬰). ‘평’은 시호, ‘중’은 자(字). 일설에는 ‘평중’이 자라고 함. 검소한 생활로 정치 개혁에 힘썼으며 겸허히 선비를 존중하고 언행을 방정히 하여 현상(賢相)의 반열에 오름.
2) 久而敬之(구이경지) : 사귐이 오래될수록 다른 사람이 더욱 그를 공경함을 이름. ‘지’는 안평중을 가리킴. 일설에는 사귐이 오래될수록 안평중이 더욱 다른 사람을 공경한다는 뜻이라고 하는데, 그러면 ‘지’는 ‘선여인교(善與人交)’의 ‘인’을 가리킴. 하지만 일설은 이치상 설득력이 떨어짐.

**주자의 한 마디**

○ 정자께서 말씀하셨다. “사람은 사귀기가 오래되면 공경함이 쇠(衰)해지거니 사귐이 오래되어도 남에게 공경을 받는다는 것은 그가 남과 사귀기를 잘한다는 증거이다.”

## 5-18

공자께서 말씀하셨다. “장문중(臧文仲)이 큰 거북 등딱지를 간수하며 곳간의 두공(枓栱)을 산 모양으로 다듬고 동자기둥에는 수초(水草) 문양을 그려 넣었나니, 어떻게 그가 지혜롭단 말인가?”

子曰: "臧文仲[1]이 居蔡[2]하며 山節藻梲[3]하니 何如其知也[4]리오?"

【독음】 자왈: "장문중거채, 산절조절, 하여기지야?"
【요지】 장문중의 무례(無禮)의 어리석음을 풍자함.

**주석**

1) 臧文仲(장문중) : 춘추시대 노나라 대부 장손신(臧孫辰). '문'은 그의 시호.
2) 居(거) : 수장(收藏)함. 곧 (길흉화복을 점칠 때 쓰는 거북의 등딱지를) 간수(看守)함. 일설에는 축양(畜養)함, 즉 (거북을) 기름. 蔡(채) : 큰 거북.
3) 山節(산절) : '절'은 두공, 즉 목조 건물의 기둥 위에 대들보를 받치도록 대는 방형(方形)의 작은 나무. '산절'은 곧 두공을 산 모양으로 다듬었다는 뜻. 藻梲(조절) : '조'는 수초(水草). '절'은 동자기둥, 즉 들보 위에 세우는 짧은 기둥. '조절'은 곧 동자기둥에 수초 문양을 그려 넣었다는 뜻. '산절조절'은 이렇듯 화려한 장식으로, 천자의 종묘(宗廟) 장식이라고 함.
4) 知(지) : 지(智)와 같음.

**주자의 한 마디**

○ 공자께서 '그가 사람의 도의(道義)에 힘쓰지 않고 귀신에게 아첨함이 이와 같으니 어찌 지혜롭다고 하겠는가?'라고 하신 것이다.

## 5-19

자장(子張)이 여쭈었다. "초(楚)나라 영윤(令尹) 자문(子文)은 여러 차례 출사(出仕)하여 영윤이 되면서도 기뻐하는 기색이 없었고, 여러 차례 그 자리에서 물러나면서도 원망하는 기색 없이 자신이 해온 정사(政事)를 반드시 새로 부임한 영윤에게 알려주었습니다. 이런 사람은 어떻습니까?" 공자께서 말씀하셨다. "충성스럽도다." 자장이 말했다. "인(仁)하다고 할 수 있습니까?" 공자께서 말씀하셨다. "잘 모르겠다. 하지만 어찌 인하다고 하겠느냐?"

자장이 또 여쭈었다. "최자(崔子)가 제나라 임금을 시해하자 진문자(陳文子)는 가지고 있던 말 사십 필을 다 버리고 제나라를 떠났습니다. 그는 다른 나라에 이르러 말하기를 '이 나라 대신(大臣)도 우리나라 대부 최자와 같구나.'라 하고는 그 나라를 떠났습니다. 또 다른 나라에 이르러 말하기를 '이 나라 대신도 우리나라 대부 최자와 같구나.'라 하고는 다시 그 나라를 떠났습니다. 이런 사람은 어떻습니까?" 공자께서 말씀하셨다. "청렴하도다." 자장이 말했다. "인하다고 할 수 있습니까?" 공자께서 말씀하셨다. "잘 모르겠다. 하지만 어찌 인하다고 하겠느냐?"

**子張**이 **問曰**: "**令尹子文**[1]이 **三仕爲令尹**[2]호되 **無喜色**하고, **三已之**[3]호되 **無慍色**[4]하며 **舊令尹之政**을 **必以**

告新令尹하니 何如하니잇고?" 子曰: "忠矣니라." 曰: "仁矣乎잇가?" 曰: "未知[5]로라 焉得仁이리오?"

"崔子弑齊君[6]이어늘 陳文子有馬十乘[7]이러니 棄而違之[8]하고 至於他邦하야 則曰: '猶吾大夫崔子也라.' 하고 違之하며 之一邦[9]하야 則又曰: '猶吾大夫崔子也라.' 하고 違之하니 何如하니잇고?" 子曰: "淸矣[10]니라." 曰: "仁矣乎잇가?" 曰: "未知로라 焉得仁이리오?"

【독음】 자장문왈: "령윤자문삼사위령윤, 무희색; 삼이지, 무온색. 구령윤지정, 필이고신령윤. 하여?" 자왈: "충의." 왈: "인의호?" 왈: "미지, 언득인?"

"최자시제군, 진문자유마십승, 기이위지. 지어타방, 즉왈: '유오대부최자야.' 위지. 지일방, 즉우왈: '유오대부최자야.' 위지. 하여?" 자왈: "청의." 왈: "인의호?" 왈: "미지, 언득인?"

【요지】 초나라 영윤 자문은 충성스럽고, 제나라 대부 진문자는 청백(淸白)하다고 하겠으나 둘 다 인하다고 하기는 어려움.

**주석**

1) 令尹子文(영윤자문) : 초나라 대부(大夫)로 현상(賢相)이었던 투구오도(鬪穀於菟). '영윤'은 초나라 재상을 일컫는 말. '자문'은 그의 자(字).
2) 三仕(삼사) : 세 차례 혹은 여러 차례 벼슬함. 여기서 '삼'은 실수(實數)가 아닐 수 있음.
3) 已(이) : 그만둠. 곧 벼슬자리에서 물러남.
4) 慍(온) : 성냄, 원망함.

5) 未知(미지) : 정말로 모른다는 말이 아니라 부정(否定)의 한 방식으로, 자문이 아직 '인'의 경지에 이르지 못했음을 에둘러 한 말. *앞 제5장 '부지기인(不知其仁)'(5-5)과 제8장 '부지야(不知也)'(5-8)의 '부지'와 같음.
6) 崔子弑齊君(최자시제군) : '최자'는 제(齊)나라 대부 최저(崔杼). '시'는 시해(弑害)함, 즉 아랫사람이 윗사람을 죽임. '제군'은 제 장공(莊公). 최자가 장공을 시해한 일은『좌전』「양공(襄公) 25년」에 보임.
7) 陳文子(진문자) : 제나라 대부 진수무(陳須無), '문'은 그의 시호. 乘(승) : 네 필의 말이 끄는 수레 한 대를 일컫는 말. 당시 대부의 재부(財富)는 그가 소유한 말의 수효로 가늠하였음. '십승(十乘)'은 곧 수레 10대 말 40필.
8) 違之(위지) : '위'는 여기서는 떠난다는 뜻. '지'는 제나라를 가리킴.
9) 之(지) : 감, 이름[至].
10) 淸(청) : 청렴함, 청백(淸白)함. 곧 시류를 따라 부침(浮沈)하거나 세속에 영합하지 않는다는 말.

**주자의 한 마디**

○ 자문이 여러 차례 출사하고 또 물러나면서 신임 영윤에게 정사를 알려준 것이 모두 천리(天理)에서 우러나오고 인욕(人慾)의 사사로움은 없었는지 알 수 없기 때문에 공자께서 그의 충성스러움만을 인정하시고 인함은 인정하지 않으신 것이다.

○ 진문자가 자신을 더럽히지 않고 어지러운 나라를 떠났으니 청렴하다고 할 수 있다. 그러나 그의 마음이 과연 의리의

당연함을 알고 초연히 얽매이는 바가 없었는지 아니면 사사로운 이해(利害) 관계로 마지못해 그렇게 한 탓에 오히려 원망과 회한을 면치 못했는지 알 수 없기 때문에 공자께서 특별히 그의 청렴함을 인정하시면서도 인함은 인정하지 않으신 것이다.

## 5-20

계문자(季文子)는 무엇을 할 때면 여러 번 생각한 뒤에야 행동에 옮겼는데, 공자께서 그 말을 들으시고 말씀하셨다. "두 번 생각하면 되느니라."

季文子三思而後[1]에 行하더니 子聞之하시고 曰: "再[2]면 斯可矣[3]니라."

【독음】 계문자삼사이후행. 자문지, 왈: "재, 사가의."
【요지】 사람이 매사에 신중해야 하지만 그렇다고 신중함이 지나쳐서는 아니 됨.

**주석**

1) 季文子(계문자) : 노나라 대부 계손행보(季孫行父). '문'은 그의 시호. 공자가 태어나기 전에 죽음. 三思(삼사) : 재삼(再三), 곧 여러 차례 생각한다는 뜻. 여기서 '삼'은 실수(實數)로 보기 어려움.

2) 再(재) : 위 '삼사'에 이어진 말로 '사(思)' 자(字)가 생략된 형태.
3) 斯(사) : 즉(則)과 같음.

**주자의 한 마디**

○ 군자는 사리(事理)를 궁구(窮究)하는 데 힘쓰면서도 과감히 결단함을 귀중하게 여기며 공연히 생각만 많이 하는 것은 높이 사지 않는다.

## 5-21

공자께서 말씀하셨다. "영무자(甯武子)는 나라에 바른 도가 행해질 때는 지혜로웠고 나라에 바른 도가 행해지지 않을 때는 어리석었나니, 그의 지혜로움은 누구나 따를 수 있으나 그의 어리석음은 아무나 따를 수가 없느니라."

子曰: "甯武子[1]는 邦有道則知[2]하고 邦無道則愚[3]하니 其知는 可及也어니와 其愚는 不可及也니라."

【독음】 자왈: "녕무자, 방유도, 즉지; 방무도, 즉우. 기지가급야, 기우불가급야."

【요지】 영무자의 남다른 처세 태도와 덕행(德行)을 찬미함.

### 주석

1) 甯武子(영무자) : 위(衛)나라 대부(大夫) 영유(甯兪). '무'는 그의 시호.

2) 邦有道(방유도) : 치세(治世)를 이름. 知(지) : 지(智)와 같음. 지혜로움, 슬기로움.

3) 邦無道(방무도) : 난세(亂世)를 이름. '방유도'와 '방무도'가 여기서 지칭하는 시대에 대해 명대(明代) 설응기(薛應旂)는 『사서인물비고(四書人物備考)』에서 영무자는 위나라 문공조(文公朝)에서 벼슬한 적이 없다는 전제 하에 양자 모두 성공조(成公朝)에 속하는 것으로 봄. 다산(茶山)은 위나라가 성공 3년부터 혼란에 빠져 임금이 다른 나라로 망명하기에 이르렀으나 3년 만에 평정되고, 그 이후에는 큰 혼란이 없었다는 전제 하에 보다 구체적으로 '방무도'는 그 3년간의 혼란기를, '방유도'는 혼란 평정 이후의 시기를 가리키는 것으로 봄. 愚(우) : 우직함. 다산은 자신을 돌보지 않고 어려움을 무릅씀으로 풀이하며 이는 곧 일신을 도모하는 데 뛰어나지 않은 것임을 강조함.

### 다산(정약용)의 한 마디

○ 성인(聖人)의 도의(道義)는 태평의 시대에는 종적을 감추어 권력을 사양하며, 위난(危難)의 시대에는 일신을 돌보지 않고 나라를 위해 목숨을 바치고자 함이었다.(『논어고금주論語古今註』)

## 5-22

공자께서 진(陳)나라에 계시면서 말씀하셨다. "돌아가자! 돌아가자! 고향의 제자들이 뜻은 크나 처사(處事)가 미숙하고, 아름답게 문채(文彩)를 이루었으나 마름질할 줄을 모르도다."

子在陳[1]하사 曰: "歸與[2]! 歸與인저! 吾黨之小子狂簡[3]하고 斐然成章[4]이나 不知所以裁之[5]로다."

【독음】 자재진, 왈: "귀여! 귀여! 오당지소자광간, 비연성장, 부지소이재지."

【요지】 인정(仁政)의 실현을 위해 열국(列國)을 주유(周遊)하며 동분서주하던 공자가 두터운 현실의 벽에 부딪힌 나머지 장차 고국으로 돌아가 제자들에게 인도(仁道)를 전수하며 인재 양성에 몰두하고자 함.

### 주석

1) 陳(진) : 춘추시대 나라 이름. 주 무왕(武王)이 은(殷)을 멸망시킨 후 순(舜)임금의 후예인 규만(嬀滿)을 '진' 땅에 봉(封)한 데서 비롯함. 춘추 말에 초(楚)나라에게 망함. 공자는 대략 노(魯) 애공(哀公) 3년과 6년 두 차례 진나라에 갔었는데, 이때는 두 번째 방문임.

2) 與(여) : 여(歟)와 같음. 감탄의 어기조사.

3) 吾黨(오당) : 나의 고향이라는 뜻. 곧 노나라를 가리킴. '당'은 향당(鄕黨), 즉 향리(鄕里), 고향. 小子(소자) : 젊은이. 여기서는 스승이 제자를 친근하게 일컬은 말. 狂簡(광간) :

'광'은 뜻이 높고 큼, '간'은 처사가 간략·소략(疏略)함 즉 치밀하지 못하고 미숙함.

4) 斐然(비연) : 문채가 한껏 아름다운 모양. 成章(성장) : 문채·문양을 이룸. 여기서 '비연성장'은 베를 짜 한껏 아름다운 문채를 이룬 것처럼 제자들이 바야흐로 학문과 도덕 수양에 훌륭한 성취가 있어 꽤 볼 만함을 비유한 말.

5) 不知所以裁之(부지소이재지) : 앞말을 바로 이어받은 말로, 주체는 '오당소자'. '소이'는 하이(何以)와 같음. 어떻게. 곧 방도·방법을 이르는 말. '재'는 (옷감을) 마름질함.

**주자의 한 마디**

○ 이는 공자께서 사방을 주유하셨으나 그 도(道)가 통행되지 않자 고국으로 돌아갈 것을 생각하며 탄식하신 것이다. ……공자께서 애초에는 그 도를 온 천하에 펴고자 하였으나 이때에 이르러 끝내 세상에 쓰이지 않을 것을 아셨다. 그래서 비로소 후학(後學)을 성취시켜 그 도를 후세에 전하고자 하신 것이다.

## 5-23

공자께서 말씀하셨다. "백이와 숙제는 상대방이 잘못을 뉘우치면 지난날의 원한을 마음에 두지 않았는데, 그래서 남에게 원망을 사는 일이 적었느니라."

子曰: “伯夷·叔齊[1]는 不念舊惡[2]이라 怨是用希[3]니라.”

【독음】 자왈: “백이숙제불념구악, 원시용희.”

【요지】 악은 미워하되 사람은 미워하지 않은 백이 · 숙제의 공정무사(公正無私)한 품성을 칭송함.

**주석**

1) 伯夷(백이) · 叔齊(숙제) : 은(殷)나라 말엽의 소국(小國)이었던 고죽국(孤竹國)의 왕자로, 백이가 형이고 숙제가 아우임. 부왕(父王)이 죽자 서로 왕위 계승을 마다하고 잇달아 서백(西伯) 희창(姬昌), 즉 훗날의 주(周) 문왕(文王)의 통치 지역으로 달아남. 문왕이 죽은 직후 그 아들 무왕(武王)이 군사를 일으켜 은 주왕(紂王)를 치려 하자 죽은 아버지를 장사지내지 않음은 불효요, 신하가 임금을 토벌함은 불충(不忠)임을 들어 만류하였으나 무왕이 듣지 않음. 무왕이 은나라를 멸하고 천하를 통일하자 백이 · 숙제는 무왕이 다스리는 주 왕조의 곡식을 먹는 것을 수치스럽게 여기고 수양산(首陽山)으로 들어가 고비를 뜯어먹고 살다 굶어 죽음.

2) 不念舊惡(불념구악) : 상대방이 자신의 잘못과 악행을 뉘우치고 고치면 그에 대한 지난날의 원한이나 나쁜 감정은 더 이상 마음에 두지 않는다는 말. ‘념’은 생각함, 마음에 둠. ‘구악’은 지난날의 원한, 나쁜 감정.

3) 怨是用希(원시용희) : 남에게 원망을 사는 일이 (자연히) 적다는 말. ‘원’은 원망을 삼. ‘시용’은 시이(是以)와 같음. 그러므로, 그 때문에. ‘희’는 희(稀)와 같음. 드묾, 적음.

**주자의 한 마디**

○ 정자께서 말씀하셨다. "상대방이 잘못을 뉘우치면 지난날의 원한을 마음에 두지 않는 것은 청고(淸高)한, 즉 품성이 맑고 고상한 사람의 도량(度量)이다."

## 5-24

공자께서 말씀하셨다. "누가 미생고(微生高)를 정직하다 하였느냐? 어떤 사람이 그에게 식초를 좀 달라고 하자 이웃집에서 식초를 얻어다가 그 사람에게 주더구나!"

子曰: "孰謂微生高直[1]고? 或乞醯焉[2]이어늘 乞諸其隣而與之[3]로다."

【독음】 자왈: "숙위미생고직? 혹걸혜언, 걸저기린이여지."

【요지】 미생고의 허위성을 비판하면서 정직함이란 진정과 실의(實意)를 근본으로 하여야 함을 강조함.

**주석**

1) 孰(숙) : 누구. 微生高(미생고) : 춘추시대 노나라 사람. 그의 생애 사적은 잘 알려지지 않음.

2) 乞(걸) : 빎, 구(求)함. 곧 달라고 함. 醯(혜) : 식초. 焉(언) : 어지(於之)의 합성어. '지'는 미생고를 가리킴.

3) 諸(저) : 지어(之於)의 합성어. '지'는 식초를 가리킴. 與(여) : 줌. 之(지) : 미생고에게 식초를 좀 달라고 한 그 사람을

가리킴.

**주자의 한 마디**

○ 공자께서 이렇게 말씀하신 것은 자신의 뜻을 굽혀 상대방의 비위를 맞추고 남의 미덕(美德)을 빼앗아 은혜를 샀으니 정직하다고 할 수 없다고 나무라신 것이다.

○ 범씨가 말하였다. "옳으면 옳다고 하고 그르면 그르다 하며, 있으면 있다고 하고 없으면 없다고 하는 것이 정직함이다."

○ 정자께서 말씀하셨다. "미생고가 정직하지 못한 일은 비록 작은 것이나 그로 인해 정직함의 바른 도(道)를 해친 일은 결코 작은 것이 아니다."

## 5-25

공자께서 말씀하셨다. "듣기 좋게 말을 꾸며서 하고 보기 좋게 얼굴빛을 꾸며서 지으며 아첨하는 행동으로 남을 공경하는 것을 좌구명(左丘明)이 수치스러워하였는데, 나도 그것을 수치스럽게 여기노라. 또 상대방에 대한 원한을 감추고 그 사람과 벗하는 것을 좌구명이 수치스러워하였는데, 나도 그것을 수치스럽게 여기노라."

子曰: "巧言令色足恭[1]을 左丘明[2]이 恥之러니 丘亦恥之[3]하노라. 匿怨而友其人[4]을 左丘明이 恥之러니 丘

亦恥之하노라."

【독음】자왈: "교언영색족공, 좌구명치지, 구역치지. 닉원이우기인, 좌구명치지, 구역치지."

【요지】사람은 남을 대하는 태도나 마음가짐이 정직하고 진실해야 하며, 위선적이거나 비굴하게 아첨하며 표리부동해서는 아니 됨.

**주석**

1) 足恭(족공) : 공경함으로써 타인의 마음을 흡족하게 해주나 예의와 법도에는 부합되지 않는 것으로, 아첨하여 남에게 영합하는 모양을 이름.

2) 左丘明(좌구명) : 일반적으로 『춘추좌전(春秋左傳)』의 작자로 알려진 '좌구명'이 아니라 공자 이전의 현인 명사(名士)로 보임.

3) 丘(구) : 공자의 자칭.

4) 匿(익) : (내심의 원한을) 숨김, 감춤. 友(우) : 여기서는 동사로, (겉으로만) 벗하며 친하게 지낸다는 뜻.

**주자의 한 마디**

○사씨가 말하였다. "이 두 가지 수치스러운 일은 남의 벽을 뚫거나 담을 넘어 들어가 도둑질하는 것보다 더한 것으로, ……공자께서는 학인(學人)들을 깊이 경계시켜 이러한 점을 잘 살펴서 정직함으로 마음을 다잡게 하신 것이다."

## 5-26

안회(顔回)와 자로(子路)가 공자를 곁에서 모시고 있었는데 공자께서 말씀하셨다. "각자 자신의 바람을 말해 보아라." 자로가 말했다. "수레와 말, 베옷과 갖옷을 벗과 함께 나눠 타고 입다가 못쓰게 되더라도 원망하지 않으려고 합니다." 안회가 말했다. "스스로 능한 바를 자랑하지 않고 어렵고 힘든 일을 남에게 강요하지 않으려고 합니다." 자로가 말했다. "선생님의 바람을 듣고 싶습니다." 공자께서 말씀하셨다. "나는 노인은 편안히 받들고 벗은 믿음으로 사귀며 젊은이는 은혜로 보살피고자 하노라."

顔淵季路侍[1]러니 子曰: "盍各言爾志[2]오?" 子路曰: "願車馬衣輕裘[3]를 與朋友共하야 敝之而無憾[4]하노이다." 顔淵曰: "願無伐善[5]하며 無施勞[6]하노이다." 子路曰: "願聞子之志하노이다." 子曰: "老者를 安之하며 朋友를 信之하며 少者를 懷之[7]니라."

【독음】 안연계로시. 자왈: "합각언이지?" 자로왈: "원거마의경구, 여붕우공, 폐지이무감." 안연왈: "원무벌선, 무시로." 자로왈: "원문자지지." 자왈: "로자안지, 붕우신지, 소자회지."

【요지】 공자가 제자 안회, 자로와 함께 각기 인후(仁厚)한 소망을 밝힘.

**주석**

1) 顔淵(안연) : 안회. 季路(계로) : 자로. 侍(시) : 아랫사람이 윗사람을 곁에서 모심.

2) 盍(합) : 하불(何不)과 같음. 어찌 ~하지 않는가? 왜 ~하지 않느냐? 곧 ~을 해 보라는 뜻. 爾(이) : 제이(第二) 인칭대명사. 너, 너희.

3) 車馬衣輕裘(의경구) : '의'는 베옷, '구'는 갖옷. 여기서 '경'은 후세의 많은 주석가들이 연자(衍字)로 보는데, 매우 일리가 있어 취할 만함. 한편 주자는 '의'를 동사로 보아 (옷을) 입는다는 뜻으로 풀이함. 그러면 '거마'도 동사로 보아야 하는데, 그것은 '경'을 연자로 보는 전자에 비해 자구 형식상 자연스러움이 떨어짐.

4) 與朋友共, 敝之而無憾(여붕우공, 폐지이무감) : '폐'는 낡음, 망가짐. '감'은 한(恨)함, 원망함, 유감스러워함. 여기서 '공'자는 서술어로 '공승복(共乘服)', 즉 함께 (거마를) 타고 (베옷과 갖옷을) 입는다는 뜻을 표현함.

5) 伐(벌) : 자랑함, 과시함. 善(선) : 뛰어난 점, 능한 바.

6) 施勞(시로) : 힘든 일을 남에게 강요함. '시'는 「안연편(顔淵篇)」 · "기소불욕, 물시어인(己所不欲, 勿施於人)"(12-2)의 '시'와 같은 뜻으로, 가(加)함, 강요함. '로'는 노역지사(勞役之事), 즉 괴롭고 힘든 일.

7) 安之 · 信之 · 懷之(안지 · 신지 · 회지) : (공자가) 노인은 편안히 받들고 벗은 믿음으로 사귀며 젊은이는 은혜로 보살핀다는 뜻. 여기서 석 자(字)의 '지'는 각각 '노자(老者)' · '붕우(朋友)' · '소자(少者)'를 가리킴.

**주자의 한 마디**

○ 정자께서 말씀하셨다. "공자나 안연 그리고 자로의 뜻이 모두 다른 사람과 더불어 사는 것이며, 다만 그 크고 작음의 차이가 있을 따름이다. ……자로는 의리에 용감한 사람으로, 그 뜻을 보면 알 수 있지만 어떻게 권세나 이익으로 그를 구속할 수 있겠는가? 그는 기수(沂水)에서 목욕하겠다고 한 증점(曾點)에 버금가는 사람이다. 안연은 이기적이지 않으므로 스스로 능한 바를 자랑하지 않고, 다른 사람도 자신과 다르지 않음을 알므로 어렵고 힘든 일을 남에게 강요하지 않으려 하였으니, 그 뜻이 크다 할 것이나 아무래도 일정한 의도에서 비롯될 수밖에 없다. 반면 공자의 경우에는 마치 천지의 조화가 만물에 부여되지만 자신은 전혀 수고롭지 않은 것과 같으니, 이는 곧 성인이 하시는 바이다."

## 5-27

공자께서 말씀하셨다. "다 그만이로고! 나는 아직 능히 자신의 잘못을 알고 마음속으로 깊이 자책하는 사람을 보지 못하였노라."

子曰: "已矣乎[1]라! 吾未見能見其過而內自訟者也[2]로라."

【독음】 자왈: "이의호! 오미견능견기과이내자송자야."

【요지】 사람은 자신의 잘못을 깊이 뉘우치고 힘써 고쳐 나가야 함.

### 주석

1) 已矣乎(이의호) : 탄식의 어기(語氣)조사. 안타깝고 실망스럽다는 뜻을 함축함. 주자는 그런 사람을 끝내 만나지 못할까 두려워하여 탄식한 것이라고 함. 다 그만이로구나, 끝이로구나!
2) 內自訟(내자송) : 내심으로 자책함. 주자는 입으로 말은 하지 않지만 마음속으로 자신을 꾸짖어 나무라는 것이라고 함. '송'은 책망함.

### 주자의 한 마디

○ 정자께서 말씀하셨다. "학문의 도(道)는 다른 게 없으니, 자신이 잘못되었음을 알면 서둘러 고치고 바른 길을 따라가는 것일 뿐이다. ……잘못을 고치는 데 인색하면 끝내 도덕의 문으로 들어갈 수가 없다."

## 5-28

공자께서 말씀하셨다. "10호밖에 안 되는 작은 마을에도 반드시 충성스럽고 신실함이 나와 같은 사람이 있겠지만 나만큼 배우기를 좋아하지는 않을 것이니라."

子曰: "十室之邑[1]에 必有忠信이 如丘者焉[2]이어니와

不如丘之好學也[3]니라."

【독음】 자왈: "십실지읍, 필유충신여구자언, 불여구지호학야."
【요지】 사람은 무엇보다 호학(好學)하여야 함.

**주석**

1) 十室之邑(십실지읍) : 인가(人家)가 10호 정도밖에 안 되는 작은 마을. 여기서는 곧 '충성스럽고 신실한 사람'을 도처에서 흔히 볼 수 있음을 강조하기 위해 쓴 말임.
2) 如丘(여구) : 공자 자신과 같다는 말. 이는 공자의 자찬이나 자만이 아니라 충성스럽고 신실한 미질(美質)의 보편성을 말함으로써 '호학'하는 기풍을 찾아보기 어려움을 강조하기 위한 말임. 焉(언) : 어시(於是)와 같은 뜻이며, 이때 '시(是)'는 '십실지읍'을 가리킴.
3) 如丘(여구) : 공자 자신만큼. 이는 호학함에 대한 공자의 자부로, 그 중요성과 고귀함을 강조하기 위한 말임.

**주자의 한 마디**

○ 아름다운 자질은 얻기 쉬우나 지극한 도는 듣기 어렵고, 배우기를 지극히 하면 성인(聖人)이 될 수 있으나 배우지 않으면 향리(鄕里)의 속인으로 전락함을 면치 못할 것이니, 어찌 힘쓰지 않을 수 있겠는가?

# 인명(人名) 찾아보기


(ㄱ)

계강자(季康子) / 13, 70, 71, 87

계문자(季文子) / 178

계씨(季氏) / 13, 80, 86, 87, 88

공문자(孔文子) / 169, 170

공서적(公西赤) / 159, 160

공야장(公冶長) / 150

관중(管仲) / 107, 108, 109

(ㄴ)

남용(南容) / 151

(ㅁ)

맹무백(孟武伯) / 53, 157, 159

맹의자(孟懿子) / 51, 52, 53, 56

미생고(微生高) / 184, 185

(ㅂ)

백이(伯夷) / 182, 183

번지(樊遲) / 51, 52

(ㅅ)

사(賜) / 41, 42, 101, 102, 154, 162, 166

삼(參) / 135, 136

삼가(三家) / 52, 81, 82

숙제(叔齊) / 182, 183

(ㅇ)

안평중(晏平仲) / 172. 173

안회(顔回) / 57, 58, 161, 162, 163, 187, 188

애공(哀公) / 13, 69, 71, 105, 181

염구(冉求) / 87, 159, 160

염옹(冉雍) / 154, 155

염유(冉有) / 86, 87, 88, 160

영무자(甯武子) / 179, 180

왕손가(王孫賈) / 96, 97

유(由) / 38, 59, 66, 157, 158
유자(有子) / 22, 23, 37, 38
임방(林放) / 84, 86, 88

(ㅈ)

자공(子貢) / 14, 33, 34, 41, 42, 62, 63, 101, 102, 147, 153, 154, 161~163, 166~169
자금(子禽) / 33, 34
자로(子路) / 66, 67, 157~160, 169, 187~189
자문(子文) / 175, 176, 177
자산(子產) / 171, 172
자유(子游) / 54, 55, 57, 146
자장(子張) / 55, 67, 68, 74, 76, 175
자천(子賤) / 152, 153
자하(子夏) / 29, 30, 55, 57, 89~91
장문중(臧文仲) / 172, 173, 174
재아(宰我) / 105~107, 164
재여(宰予) / 106, 163~165
정공(定公) / 13, 103, 104
좌구명(左丘明) / 185, 186
중유(仲由) / 66, 159
증자(曾子) / 15, 25, 26, 32, 135, 136
진문자(陳文子) / 175, 176, 177

(ㅊ)

최자(崔子) / 175, 176, 177
칠조개(漆彫開) / 156, 157